AF311748

B. GUINAUDEAU

Les Crimes des Couvents

Nouvelle édition considérablement augmentée

DOUZIÈME MILLE

PARIS

BIBLIOTHÈQUE D'ACTION SOCIALE
12, Rue Vivienne, 12

1903

Les Crimes

des Couvents

OUVRAGES DU MÊME AUTEUR

L'Abbé Paul Allain, 1 vol........................... 3 fr. 50
Le Chanoine Moïse, 1 vol........................... 3 fr. 50

B. GUINAUDEAU

Les Crimes des Couvents

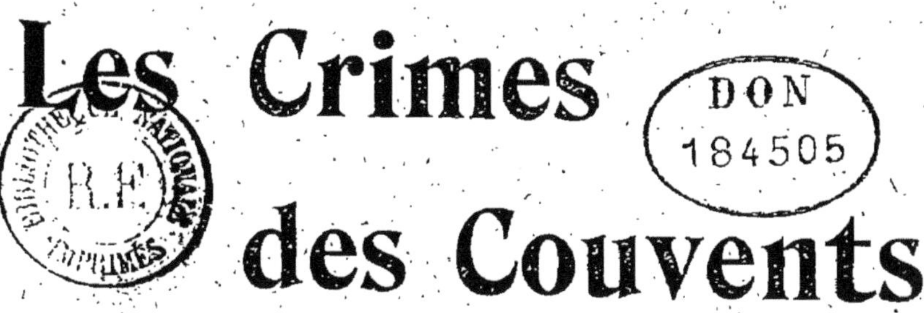

Nouvelle édition considérablement augmentée

ONZIÈME MILLE

PARIS

BIBLIOTHÈQUE D'ACTION SOCIALE

12, Rue Vivienne, 12

1903

Le... novembre 1899, en tête de la première édition des Crimes des Couvents, j'écrivais :

« Ceci est, simplement, un dossier.

« Brusquement, un évêque est devenu, sans le vouloir, le dénonciateur public des « crimes » qui se commettent dans les couvents. Ses accusations secrètes ont, malgré lui, éclaté au grand jour. Elles ne faisaient que dévoiler ce que les inspecteurs du Gouvernement savaient depuis longtemps, que répéter ce que certains d'entre eux avaient eu le courage obstiné de consigner dans leurs rapports officiels, sans jamais réussir à vaincre, au Conseil supérieur de l'Assistance publique, au Conseil d'État et ailleurs, la résistance cléricale et les complicités toutes-puissantes qui prenaient, envers et contre tout, la défense des bonnes sœurs.

« L'enquête de l'Aurore (1), les dépositions réunies ici apportent des preuves nouvelles à l'appui

---

(1) C'est dans l'*Aurore* que je publiai ces révélations, de septembre à décembre 1899.

des accusations de M. Turinaz et des inspecteurs du Gouvernement. Elles mettent à nu, sous les yeux du public, de telles monstruosités qu'il sera impossible, j'espère, qu'on laisse, à l'avenir, opérer impunément les sœurs exploiteuses et tortureuses d'enfants.

« En tout cas, j'aurai fait mon devoir. J'enregistre des faits précis, avec l'indication des lieux qui en ont été le théâtre, avec les dates et avec les noms des victimes. Je ne commente rien. A ceux qui me liront de conclure et d'agir.

« Je ne me permettrai que quelques réflexions qui sont, encore, moins des raisonnements que des constatations de faits.

« On va proposer des remèdes et des réformes. On va parler d'améliorer l'inspection, de la rendre plus rigoureuse et plus sévère.

« C'est un leurre et une duperie.

« L'inspection ne peut aboutir à rien, pour la raison très simple qu'elle a d'abord contre elle, pour la paralyser à l'avance, les inspecteurs et les inspectées.

« Les religieuses s'y prendront toujours de telle sorte que les inspecteurs qui voudraient sérieusement voir ce qui se passe chez elles n'y arriveront pas. Elles ont l'art d'être absentes au bon moment, d'égarer les clefs des portes derrière lesquelles il se cache quelque chose, de faire attendre les gens curieux, de mettre en mouvement un jeu de sonnettes avertisseuses, de faire la leçon à leurs orphelines qui récitent aux inspecteurs des discours appris, et cela toujours en présence de la R. Mère Supérieure ou de l'une de ses déléguées. Comment, en de pareilles conditions, l'homme le plus déterminé réussirait-il à découvrir la vérité ?

« Au reste, ces hommes déterminés sont rares. Les inspecteurs pullulent, au contraire, qui se font complices des religieuses et ne voient que ce qu'elles les prient ou leur permettent de voir. Il en est même beaucoup qui font du zèle et vont plus loin. Témoin ces inspecteurs de Nancy qui, non contents de déclarer que l'évêque a menti en dénonçant les abominables scandales du Bon Pasteur, félicitent officiellement les bonnes sœurs et leur font décerner une médaille de vermeil par le Gouvernement de la République.

« Les commissions administratives n'offrent pas plus de garanties que l'inspection. Elles sont à la merci des influences locales et cléricales. On dit que le préfet, avec son droit de révocation, les tient dans sa main. Tout le monde sait que c'est là une apparence et non une réalité. Les commissions administratives tolèrent et encouragent tout, même le vol. La preuve en est cet hospice du Nord, signalé par M. le docteur Napias, où l'on s'était arrangé, par des placements habiles, de telle sorte que, si un enfant mourait, son pécule revenait à l'établissement....., ou à ses comptables.

« Donc, toutes les demi-mesures sont inefficaces.

« Il n'y a qu'un remède : laïciser tous les orphelinats qui dépendent de l'Assistance publique, des départements ou des communes, et fermer les autres.

« Autrement, on pourra toujours écrire, en toute vérité, au fronton de toutes les maisons où les bonnes sœurs du Bon Pasteur ou de toute autre congrégation seront censées élever des orphelins, ce mot de l'évêque de Nancy :

« Les religieuses n'ont d'autre but que de gagner de l'argent. »

« Et cet autre, de M. l'Inspecteur général Lefort, en plein Conseil de l'Assistance publique :

« L'exploitation n'est pas l'exception, c'est la règle. »

Mon cri d'alarme a été entendu. On n'a pas fait tout ce qu'il fallait faire ; mais on a fait quelque chose. Il faudra bien que le reste vienne, de gré ou de force, et que ces bagnes disparaissent.

Pendant deux jours, la tribune de la Chambre a retenti des accusations portées par les victimes du Bon Pasteur contre les sœurs-bourreaux.

... M. Waldeck-Rousseau n'a pas voulu de l'Enquête parlementaire qu'on lui proposait. Il s'est contenté d'une Enquête restreinte et discrète à laquelle ont procédé des inspecteurs et des commissaires de police. On n'en a pas connu les résultats ; on n'en a, du moins, connu qu'une partie insignifiante. Malgré tout, la vérité a transpiré suffisamment pour que l'attention publique, non seulement demeurât en éveil, mais devînt de plus en plus rigoureuse.

Sur la prière que je lui en avais adressée, la Ligue des Droits de l'Homme a choisi, parmi les anciennes pensionnaires du Bon-Pasteur de Nancy, une victime-type, Mlle Maria Lecoanet. Un procès en réparation a été engagé par l'orpheline contre l'orphelinat. Après de longues difficultés et d'acharnées résistances, ce procès vient d'aboutir. Les juges ont accordé à Mlle Maria Lecoanet dix mille francs de dommages-intérêts, et le Gouvernement a fermé la maison de Nancy.

Depuis 1899, des révélations nombreuses se sont produites. A l'heure actuelle, on peut dire que la lumière est faite, à peu près complètement, sur ce que nous appelons, dans le langage officiel et courant, des « établissements de bienfaisance » et qu'il faut appeler des « établissements d'exploitation ».

Aux documents et dépositions que j'ai publiés, il y a trois ans, j'ajoute donc ici des documents et des dépositions. Pas plus aujourd'hui qu'il y a trois ans, je ne veux commenter ni paraphraser.

Je tiens mon dossier à jour ; voilà tout.

Les faits, tout nus, sont plus éloquents que toutes les phrases.

B. G.

Paris, 20 mars 1903.

Le Bon Pasteur

LES CRIMES DES COUVENTS

LE BON PASTEUR

LA MAISON DE NANCY

En 1894, l'évêque de Nancy, M. Turinaz, révolté de ce qui se passait chez les religieuses du Bon Pasteur de sa ville épiscopale, avait dû prendre contre elles certaines mesures énergiques. Il leur avait, notamment, interdit de pousser plus loin les travaux de construction d'une chapelle qui entraînaient des dépenses considérables, alors que les orphelines, pensionnaires de la maison, manquaient notoirement du nécessaire.

Les religieuses refusèrent d'obéir à l'évêque et en appelèrent à Rome.

M. Turinaz se vit donc obligé d'exposer son cas et de se défendre devant la Sacrée Congrégation des Evêques et Réguliers. Il lui adressa, le 31 mars 1894, un premier Mémoire.

C'est la publication de cette pièce par les *Analecta romana* qui a provoqué la campagne de presse et l'émotion profonde qui s'en est suivie en France.

M. Jean de Bonnefon donna, dans le *Journal*, quelques passages du Mémoire épiscopal, extraits des *Analecta romana;* mais, il ne songea pas à insister et en resta là.

Les affirmations de l'évêque de Nancy étaient d'un tel caractère et d'une telle précision; c'était une telle aubaine, d'autre part, de mener une campagne de ce genre à la suite d'un évêque, que je n'hésitai pas. Je publiai le Mémoire, à mon tour, dans l'*Aurore* du 21 septembre 1899, et j'ouvris une Enquête générale sur les « orphelinats et ouvroirs » dirigés par des religieux ou des religieuses.

Voici, textuellement, les accusations formulées par M. Turinaz.

La supérieure du Bon-Pasteur a menti

Exposant l'origine du conflit, l'interdiction des travaux de la chapelle, l'évêque dit qu'il a demandé des comptes à la Supérieure, qui les lui a refusés.

« La Supérieure, ajoute-t-il, a affirmé qu'elle n'avait pas les comptes, qu'ils étaient peut-être à la Maison-Mère d'Angers et qu'elle allait les demander ; *sur ce point comme sur tant d'autres, la Supérieure a pour système de dire le contraire de la vérité. »*

Odieuse exploitation

Après avoir constaté que, dans les orphelinats laïques et dans certaines maisons religieuses, la règle est de remettre aux jeunes filles, à leur sortie, un peu d'argent et un petit trousseau, l'évêque déclare :

« Au Bon Pasteur de Nancy, on ne leur donne rien, même après qu'elles ont travaillé et gagné beaucoup d'argent à la maison pendant cinq, dix, vingt ans. On les met à la porte sans ressources, sans s'occuper de leur trouver une place, sans les engager à revenir voir leurs maîtresses (ce qui se fait dans toutes les maisons de ce genre). Ces jeunes filles, parmi lesquelles il en est qui n'ont point de parents ou qui ont des parents incapables de les aider et de les diriger, sont livrées à tous les périls, à toutes les séductions, dès le moment de leur sortie et plus tard. Parmi les soixante jeunes filles que ces religieuses ont renvoyées depuis une année, toutes (à l'exception de deux ou trois auxquelles on a donné un peu d'argent, à cause de mes réclamations et de mes protestations) ont été renvoyées dans ces conditions. Il en est auxquelles j'ai dû donner des secours et qui m'ont déclaré qu'on cherchait à les entraîner dans des maisons de prostitution.

« J'ai protesté auprès de la Supérieure générale. Tout ce qui a été obtenu, c'est comme je viens de le dire, un peu d'argent donné à deux ou trois afin que les religieuses puissent affirmer qu'elles ne les renvoient pas toutes dans ces conditions.

« Il y a là une question non seulement de charité pour les âmes, mais une question de moralité, une question de justice, car l'argent que les religieuses jettent dans leurs constructions est gagné en grande partie par ces jeunes filles. Il y a là, au point de vue de la perte presque fatale de ces jeunes filles, des crimes qui crient vengeance... »

Ecole de prostitution

M. Turinaz continue en démontrant que, non contentes d'exploiter la jeunesse des orphelines, de leur épuiser le corps et de leur ruiner la santé, les religieuses leur pervertissent l'esprit et les préparent de la sorte à la suprême déchéance :

« Les religieuses n'ont d'autre but que de gagner de l'argent. En rendant la sortie de ces jeunes filles plus difficile, en ne leur donnant rien quand elles veulent sortir, elles peuvent garder longtemps et même toujours les plus habiles, et spéculer sur leur habileté et leur travail.

« Parmi les travaux de broderie, il est des draps de lit et linges personnels, chemises, etc... qui sont d'un tel luxe et d'un tel prix, et d'une telle facture et d'une telle forme, que d'après des femmes très respectables que j'ai interrogées, *ces draps et ces linges ne peuvent servir qu'à des courtisanes ;* aucune femme honnête, parmi les plus riches, les plus élégantes et les plus mondaines, ne se sert de draps de lit et de linges de ce genre.

« Quelqu'un a fait à la supérieure locale des observations sur ces travaux ; elle a répondu :

« *Ce sont les travaux sur lesquels nous gagnons le plus.* » Et elle n'a tenu aucun compte de l'observation.

Le surmenage

« On fait travailler ces jeunes filles, ou au moins un très grand nombre d'entre elles, chaque jour, plus longtemps que ne le permettent les lois civiles, et quand l'inspecteur du travail des enfants demande à visiter la maison, on fait disparaître des salles de travail les jeunes filles qui n'ont pas douze ans; on demande à d'autres de sacrifier pendant plusieurs mois de l'année une partie de leurs récréations, sous prétexte que le travail est pressant, et on leur fait à cette occasion des promesses que l'on ne tient pas. Il suffirait de la dénonciation de quelque jeune fille sortie de la maison pour que l'autorité civile sévît contre les religieuses...

« Je suis porté à croire que ce qui se passe ici se passe, dans une mesure plus ou moins large, dans un grand nombre de maisons de cette congrégation, peut-être dans toutes, car si la maison de Nancy faisait exception, la Provinciale et la Supérieure générale auraient été indignées et auraient pris immédiatement, sans attendre mes réclamations, tous les moyens de rappeler à l'ordre la maison de Nancy. Si elles résistent à toutes les instances, c'est qu'elles approuvent ce qui se fait ici. »

En concluant, l'évêque se résume :

« Il faut travailler, il faut gagner de l'argent. Les âmes, les santés, la charité, la justice, tout est sacrifié à l'argent.

« Je demande qu'un engagement signé par la Supérieure locale et la Supérieure générale détermine quelle somme d'argent et quel trousseau seront donnés aux jeunes filles qui sortiront de la maison, en proportion du temps qu'elles y auront passé. Je fais remarquer que celles mêmes qui n'auraient pas donné pleine satisfaction à leurs maîtresses ne peuvent pas, en sortant, être exposées à toutes les hontes, que même à l'égard de celles-ci, il y a des devoirs de charité et de justice à remplir.

« Je demande que les religieuses s'engagent à s'occuper de placer convenablement les jeunes filles qui sortent de chez elles, comme le font toutes les directrices d'orphelinats, d'ouvroirs, etc.

« Je demande que les travaux de construction soient arrêtés jusqu'à ce que ces conditions soient remplies, et que la S. Congrégation use de son autorité et des moyens dont elle dispose pour les imposer. »

Mlle LECOANET

A peine avais-je donné la publicité de l'*Aurore* aux accusations de M. Turinaz que les témoins, les victimes, se levaient de toutes parts.

Voici d'abord les dépositions de Mlles Lecoanet, Marchal et Laurent. Elles sont demeurées, la première dix-sept ans, la seconde douze, la troisième vingt-deux, au Bon Pasteur de Nancy. Toutes les trois habitent maintenant Paris.

Mlle Maria Lecoanet m'écrivit la première :

Paris, 26 septembre 1899 :

« Monsieur,

« J'ai lu votre article dans le journal l'*Aurore*, de jeudi dernier, et viens attester la vérité de tout ce que vous avez écrit, car moi-même je suis une victime de cette maison. Orpheline de bonne heure, j'y ai été placée et j'y suis restée dix-sept ans. J'en suis sortie à trente-trois ans. Depuis dix-huit mois j'avais mal aux yeux, tant le travail était appliquant, de quatre heures et demie du matin jusqu'à sept heures du soir, et, avec cela, nous étions si mal nourries ! Une fois par semaine, du bœuf, et, les autres jours, un petit morceau de lard, à midi, de l'épaisseur de deux centimètres, et jamais de vin ; on ne boit que de l'eau ; c'est à ne pas croire.

« Aussi, les religieuses font-elles la leçon d'avance, quand, par hasard, les inspecteurs passent, et,

au parloir, devant vos parents, elles sont toujours
là.

« Aujourd'hui, j'ai une vue très mauvaise: à deux
pas je ne reconnais personne. Je suis sortie de là
sans un sou, après avoir travaillé dix-sept ans. Je
vous assure que j'étais une des meilleures ouvrières...

« Je me suis trouvée dans un moment bien pénible, où je n'avais pas d'ouvrage. Je me suis adressée aux sœurs, en leur demandant un petit secours, il y a environ deux ans. Je suis encore à
l'attendre, car on n'a pas daigné me répondre. Une
personne qui s'intéressait à moi m'avait engagée
à les attaquer, car j'ai une très mauvaise vue ;
lorsque je suis sortie de chez elles je ne pouvais
pas me conduire. D'ailleurs, j'ai mon certificat de
l'oculiste qui en fait foi. J'avais obtenu l'assistance judiciaire à Paris; mais, à Nancy, elle m'a
été refusée. Probable qu'elles doivent avoir des
protections puisque tout ce qu'a fait Mgr Turinaz
a échoué.

« Je ne suis pas seule, hélas ! car j'en connais
qui sont restées vingt-deux ans, et qui ont été
renvoyées lorsqu'elles n'étaient plus capables de
rendre les services qu'elles rendaient quand elles
étaient jeunes. Les sœurs vous flattent, lorsque vous
êtes jeune et qu'elles voient surtout que vous êtes
bonne ouvrière. Celles qui n'avancent pas à la
besogne, elles ont bientôt fini de les expédier. Puis,
lorsque vous devenez âgée, elles vous font tellement d'ennuis de toutes sortes que vous ne pouvez
plus rester.

« Voilà, monsieur, ce que je voulais vous écrire;
car c'est indigne d'abuser de pauvres filles sans
protection. Si encore, lorsqu'elles vous renvoient,
elles vous donnaient un peu de cet argent que
vous avez bien gagné! Mais non. Moi, après dix-
sept ans, je vous le répète, je suis sortie sans un
sou. sans trousseau, sans rien. Elles m'ont renvoyée, malade comme j'étais, chez ma sœur qui
avait de la famille et n'était pas heureuse... Arran-
gez-vous comme vous voudrez! Elles ne s'occupent plus de vous.

« Agréez, etc.

MARIA LECOANET.

Au reçu de cette lettre, qui disait tant de choses
en sa simplicité, je me suis empressé de me rendre
auprès de celle qui l'avait écrite.

J'ai trouvé Mlle Lecoanet dans une modeste
chambre d'une vieille maison, rue Chanoinesse,
à quelques pas de Notre-Dame. La tête penchée
sur une étoffe noire où ses pauvres yeux avaient
peine à suivre son aiguille, elle était en train de
coudre, quand j'ouvris sa porte. Les premiers mots
échangés et ma présentation faite :

— Pardonnez-moi, dit Mlle Lecoanet, je suis
pressée. Si vous le permettez, je vais continuer
mon travail pendant que nous causerons.

— M'autorisez-vous, mademoiselle, demandai-
je, à publier la lettre que vous m'avez envoyée ?

— Comment donc, monsieur ! J'ai dit la vérité,
et, si elles avaient lu votre article, il y en a bien

d'autres qui parleraient comme moi et mieux que moi. Voyez-vous, on ne peut pas se figurer ce qui se passe dans cette maison de Nancy !

Il y a une soixantaine d'années qu'elle est fondée. Quand les bonnes sœurs sont arrivées, elles étaient misérables, elles étaient sur la paille, comme on dit. Maintenant elles sont riches. Elles ont acheté des terrains et des terrains; elles ont fait construire une église magnifique et leur couvent est un palais.

— C'est là qu'a filé le demi-million dont parle M. Turinaz et que les orphelines avaient gagné ?

— Oui, et ce n'est certainement pas ce qui a vidé la caisse de ces dames, car elles en font de l'argent !... Il n'y a pas bien longtemps, elles allaient jusqu'à vendre les légumes et les fruits du jardin; elles avaient pour cela une place au marché. Ces légumes, bien entendu, c'était des orphelines qui allaient les vendre. Maintenant, le couvent n'a plus de place au marché. C'est un bénéfice de moins; mais il peut s'en passer.

Les travaux « à jours »

« C'est surtout, poursuit Mlle Lecoanet, à la couture, à la lingerie que l'on travaille dans la maison. Il y a bien là au moins cent cinquante jeunes filles qui tirent l'aiguille tous les jours, du matin au soir. Vous pensez si cela représente quelque chose à la fin de l'année! »

Ici j'interromps mon interlocutrice. Je voudrais lui poser une question, et je ne sais trop comment m'y prendre. M. Turinaz parle de « linges dont aucune femme honnête ne se sert » et qui sortent des ateliers du Bon-Pasteur de Nancy. L'évêque répète ce qu'avait dit naguère M. le docteur Napias, dans son très spirituel et très véridique ouvrage l'*Assistance publique dans le département de Sambre-et-Loire:* « Il y avait, à l'orphelinat de Séruliac, une quantité de brodeuses adroites qui travaillaient pour un grand magasin de Paris, et que le préfet trouva occupées à broder des chemises de haut luxe, fort élégantes, ajourées aux bons endroits. et destinées sans doute à des personnes pour qui la chemise n'est pas un vêtement tout à fait personnel. »

— Vous faisiez quelquefois, dis-je, de la lingerie très riche ?

— Mais, monsieur, nous étions une vingtaine, les meilleures ouvrières de la maison, qui ne travaillions jamais à autre chose. Nous brodions du linge « à jours », des draps, des chemises et des mouchoirs. Oh ! ce qu'il y avait de travail là-dedans ! Il m'est arrivé, par exemple, de passer plus de trois semaines rien que sur un mouchoir pas plus grand que mes deux mains.

« Mais les bonnes sœurs disaient que c'était là ce qui leur rapportait le plus. Elles déclaraient même qu'à nous seules, c'est-à-dire à vingt, nous gagnions la vie de toute la maison. Par conséquent, le produit du travail de nos cent trente à cent quarante camarades constituait un bénéfice net pour le couvent.

Cinq cadavres en quinze jours

« En travaillant de la sorte, presque sans répit, continue mon interlocutrice, une douzaine d'heures par jour, les santés les plus solides s'usent vite. Notez que l'on n'avait jamais de promenades, jamais de sorties hors du couvent. Le dimanche et les jours de fête, quand il faisait beau, on allait passer quelques instants au jardin. C'était tout.

« Aussi avions-nous beaucoup de malades: un grand nombre d'entre nous devenaient phtisiques. De dix-huit à vingt-quatre ou vingt-cinq ans surtout, beaucoup succombaient. Elles étaient si mal soignées! J'en ai vu une qui avait travaillé des années et qu'on a laissé mourir sans plus s'occuper d'elle que d'un vieux chien. Une autre, une de mes amies, qui est ici maintenant, rue Monge, a été jetée à la porte à trente-quatre ans, après avoir passé vingt-deux ans à l'orphelinat. Sa santé était ruinée; elle vint se mettre au lit à l'hôpital de la Pitié. Elle était sans ressources; sur ses supplications les sœurs lui envoyèrent cinq francs !...

« Nous avions beau nous plaindre, demander un peu de repos, une nourriture plus fortifiante, on ne nous écoutait pas. Et personne pour prendre notre défense.

« Une fois, pourtant, les inspecteurs réussirent à pénétrer dans la maison. Il y avait eu cinq morts en quinze jours. En ville, on s'alarmait. Les sœurs répondirent que ce n'était rien. Les inspecteurs insistèrent, voulurent voir et interroger les orphelines. Mais ils ne purent arriver jusqu'à

nous que lorsque les religieuses nous eurent fait
la leçon sur ce que nous devrions dire.

« Mgr Turinaz, lui, voulut essayer d'imposer
quelques réformes. Il avait pour cela nommé un
aumônier qui partageait sa manière de voir et qui
avait mission de le renseigner. Eh! bien, les religieuses firent à ce prêtre une guerre acharnée.
Pour qu'il ne pût pas savoir ce qui se passait, elles
allerent jusqu'à interdire toutes relations avec lui.
Les orphelines reçurent même la défense d'aller
à confesse et, une année, malgré la loi absolue de
l'Eglise, elles ne firent pas leurs Pâques.

A la rue

« Pour moi, dit en terminant Mlle Lecoanet,
j'avais envie, depuis longtemps, de m'en aller.
Mais j'avais peur. Que deviendrais-je ? J'ignorais
tout de la vie. Et puis, on me répétait que, une
fois dehors, j'irais tout droit en enfer.

« Cependant, je n'y voyais plus et j'étais complètement anémique. Le médecin et l'aumônier vin-
rent à mon secours :

« — Il faut soigner cette jeune fille, dirent-ils, et
l'envoyer à l'hôpital.

« — A l'hôpital ! s'écria la supérieure. Une jeune
fille qui sortirait de chez nous! Vous n'y pensez
pas! Cela ferait scandale !

Et l'on décida de me garder.

« Mais, je ne voulais pas mourir là, comme j'en
avais vu tant d'autres. A la fin, on me laissa partir.
Mais à la condition expresse que je viendrais ici à

Paris, loin de Nancy. On me donna une sœur pour m'accompagner. Elle prit mon billet et me mit dans le train, sans un liard en poche.

« Je vous ai dit le reste dans ma lettre. »

Avant de sortir, je veux savoir si Mlle Lecoanet a renoncé à obtenir des sœurs qui l'ont exploitée et lui ont fait perdre la vue l'indemnité à laquelle elle a droit.

— Que voulez-vous que je fasse ?. répond la jeune femme. Elles sont plus fortes que moi, et je n'ai personne pour m'aider...

Je me retirai sur ces mots et, le lendemain matin, je demandais publiquement, dans l'*Aurore*, à la *Ligue des Droits de l'homme* si elle n'estimait pas avoir là une juste cause à prendre en main et à faire triompher.

Mlle MARCHAL

J'ai vu, dans sa chambrette du cloître Saint-Merri, Mlle Marchal.

Elle est restée douze ans au Bon Pasteur de Nancy. Sa santé est absolument ruinée. Son estomac ne peut supporter presque aucun aliment ; elle ne vit guère que de lait.

— Tout ce que vous a écrit et raconté Mlle Lecoanet est la pure vérité, me dit Mlle Marchal; mais, elle en a oublié !

« Elle ne vous a pas parlé de nos dortoirs où

l'eau ruisselait sur les murs, de l'eau qui gelait l'hiver.

« Elle ne vous a pas tout dit sur notre médecin, qu'on appelait en ville « le boucher du couvent ». C'est un nom qu'il méritait bien. Avec lui, on mourait comme mouches au Bon-Pasteur. Une année, rien que dans ma classe, il est mort onze de nos compagnes. Quand nous allions à l'infirmerie, ce médecin nous examinait vaguement. Puis :

« — Peut-on donner tel remède ? demandait-il.

« — Non, répondait la sœur, c'est trop cher.

On ne nous donnait rien, et le médecin n'insistait pas.

Il fut remplacé. Le régime changea un peu.

« — Comment voulez-vous que je fasse quelque chose de ces enfants-là ? disait le nouveau docteur. Elles ont toutes l'estomac délabré et le sang épuisé. Il faut commencer par les nourrir.

On fit semblant de l'écouter. On nous donna un peu de vin et du bœuf deux fois par semaine. Mais cela ne dura guère et on revint bien vite aux vieilles habitudes, à l'eau claire et au lard pourri que nous laissions sur nos assiettes.

« Une autre chose, poursuit Mlle Marchal, qu'a oubliée Mlle Lecoanet, c'est la singulière morale qu'on nous inculquait en nous faisant un devoir de la dénonciation. Quand nous avions été témoins d'une peccadille quelconque de l'une de nos compagnes, nous devions la signaler aux sœurs. Je fus dénoncée, un jour, pour avoir ri à la chapelle. Comme pénitence, on me mit en quarantaine pendant huit jours. J'avais défense de parler à qui que ce fût et personne ne devait m'adresser la parole.

« Enfin, ce qui est le plus épouvantable, c'est la séquestration que les religieuses infligent à leurs malheureuses victimes. Mlle Lecoanet ne pouvait pas faire savoir à sa famille qu'elle voulait s'en aller à tout prix. Elle dut glisser sous la grille du chœur, à la chapelle, une lettre que l'aumônier mit à la poste. Quant à moi, j'avais déclaré, un dimanche où ma famille était venue me voir, que je ne voulais plus rester. Mais la supérieure m'empêcha de partir immédiatement.

« Elle vous écrira dans huit jours, dit-elle à mes parents. Elle aura le temps de réfléchir d'ici-là.

« Je restai, et la supérieure se mit à me cajoler, à me faire des promesses et des promesses. Au bout de quinze jours, elle me dicta une lettre dans laquelle je déclarais que j'avais changé d'idée et que je me trouvais très bien au couvent. »

LES MADELEINES

En terminant, Mlle Marchal m'avait parlé des Madeleines:

« Les « Madeleines » sont des bonnes sœurs qu'on trouve dans tous les couvents du Bon-Pasteur. Elles ont un costume sombre et un Office particulier; mais elles n'ont pas de supérieure propre. C'est la supérieure du Bon-Pasteur qui les gou-

verne. Elles passent au travail, comme les orphelines, tout le temps qu'elles ne passent pas en
prières. Et c'est parmi les orphelines qu'elles se
recrutent. Les sœurs promettent à ces malheureuses, comme récompense, de leur donner le
voile, si elles travaillent bien. « Moi-même, dit
Mlle Marchal, j'ai pensé un moment à me faire
Madeleine. Les Madeleines, en somme étaient plus
heureuses que nous. Pendant qu'elles étaient à la
chapelle, elles ne travaillaient pas. »

Ces Madeleines m'intriguaient fortement. A
Angers, je m'étais laissé dire, il me semble, que
c'était des « repenties », des jeunes femmes qui
renonçaient au monde et venaient librement, dans
le cloître, faire pénitence d'avoir été trop « folles
de leur corps ».

Mais les orphelines n'ont à se « repentir » de
rien du tout, sinon de se laisser trop bénévolement
exploiter par les sœurs. Et, pourtant, on leur donne
le voile des « Madeleines ». Ne serait-ce pas là tout
simplement, le moyen pour les dames du Bon-
Pasteur de recruter un « atelier » de travailleuses
dont elles sont toujours sûres ?

Un lecteur de *l'Aurore* a bien voulu venir à mon
secours et me fournir des renseignements précis.

Paris, 14 octobre 1899.
« Cher citoyen Guinaudeau,
« ... Vous avez déjà relaté, du moins en partie,
de quelle façon se recrutent les malheureuses

2.

qui vont moisir dans ces épouvantables « maisons closes ». Pour bien mettre les points sur les *i* je les classe en trois catégories :

« 1° Les orphelines pauvres, de religion catholique, n'ayant plus personne qui s'intéresse à elles, et qu'un parent éloigné ou un ami (1) de la famille fait entrer au Bon-Pasteur avec des protections !

« 2° Les pensionnaires, orphelines ou non, que des parents désireux de s'en débarrasser y enferment pour une pension modique — et souvent très élevée.

« 3° Les repenties, ou soi-disant telles, que la *police* ou leur famille oblige à faire un stage plus ou moins long dans ce Saint-Lazare nouveau genre.

« Vous serez peut-être surpris de voir la police mêlée aux louches agissements du Bon-Pasteur. Hélas ! que de jeunes filles de *bonne famille*, sur lesquelles une faute de jeunesse ou une trop grande liberté d'allures ont attiré la haine impitoyable des leurs se sont vues — sous menaces coercitives d'un commissaire central ou d'un procureur de la République (1) — contraintes de finir leurs jours dans un de ces refuges, oubliettes du dix-neuvième siècle ! Sans parler, bien entendu, des internements *administratifs* ! Parfaitement.

« Les Madeleines appartiennent presque toutes à la première catégorie — orphelines pauvres — et voici pourquoi :

« Enfermées toutes jeunes, à deux ans quelquefois, dans un de ces couvents, elles sont dressées, façonnées, recluses, à un tel point qu'elles ignorent absolument jusqu'à l'existence même du monde extérieur. N'ayant *absolument personne* qui s'occupe d'elles et qui pût leur suggérer de sortir, elles deviennent de fragiles automates entre les mains savantes des « sœurs blanches », leurs maîtresses. Elles prennent tellement l'habitude de les servir, de leur être humblement soumises, qu'au moindre signe, à la moindre suggestion, elles *demandent* à devenir religieuses aussitôt qu'elles en ont l'âge. Mais les « sœurs blanches » ne voudraient pour rien au monde avoir comme égales ces *petites pauvresses* sur lesquelles elles ont ou croient avoir droit de vie et de mort.

« Pensez donc ! Elles ont payé une dot, elles, pour avoir le droit de porter le voile blanc ! Elles sont riches ! Elles ont enrichi cette communauté qui a élevé ces orphelines... Elles sont nobles, souvent. Il y a donc entre elles un fossé infranchissable. Ces petites misérables qui, pendant vingt années et plus, ont fourni un travail quotidien de douze à quatorze heures, ont brodé des merveilles, ont établi de toutes pièces des trousseaux splendides destinés à la haute aristocratie ou à la haute pègre, ne seront jamais « sœurs » — leur rêve !

Elles resteront des « Madeleines ». Elles continueront, *toute leur vie*, le métier abrutissant dans lequel elles sont devenues expertes et qui amène la richesse à la communauté. Jamais elles ne connaîtront d'autre récompense que *de ne pas être réprimandées* par la « sœur blanche » qui surveille et qui pour rien au monde ne toucherait, elle, une paire de ciseaux.

« La « sœur blanche » est bien nourrie, a de vastes jardins pour se promener, des soins si elle est malade, des livres à sa disposition.

« La Madeleine a comme promenoir une cour humide et minuscule dont elle peut jouir (!) si sa tâche est achevée. Elle est au régime des *repenties*, vit souvent à leur contact, et s'épouvante, lorsqu'une alcoolique ou une hystérique, sa voisine, se tord dans les affres de crises redoublées par l'internement.

« Voilà la vie des Madeleines. Inutile de dire qu'elles ne souffrent pas longtemps. Consultez les journaux de province, à la rubrique des décès. Elle est navrante : Mlle X..., 19 ans, au Bon Pasteur ; Mlle X..., 22 ans, au Bon Pasteur. Bien rares sont celles qui atteignent la trentaine, et encore est-ce toujours dans un état de chlorose et d'anémie qui leur enlève — heureusement — toute espèce d'énergie...

« ... Une anecdote authentique pour terminer. Une jeune fille, orpheline, élevée par sa sœur aînée, avait été mise, à quatorze ans, au Bon Pasteur de C... pour apprendre la lingerie. Au bout de deux ans, elle sortit. La malheureuse — tel un hibou sur lequel on dirigerait un faisceau électrique — fut absolument abasourdie. Au bout de quelques mois, ne pouvant plus se faire à la vie normale, elle demanda et exigea de rentrer au Bon Pasteur. Elle s'enfuit de chez sa sœur Elle fut envoyée comme Madeleine à l'autre bout de la France pour que sa famille ne pût la faire revenir sur sa détermination. Dix-huit mois après, elle mourait, poitrinaire...

E. N., Paris.

Mlle LAURENT

Après un séjour de vingt-deux ans au Bon Pasteur de Nancy, Mlle Mélanie Laurent ne sait ni lire ni écrire. Elle en a été réduite à dicter à une de ses amies la lettre suivante :

« Paris, 16 octobre 1899.

« Monsieur,

« J'ai regretté beaucoup de n'avoir pas été là, le jour où vous êtes venu pour me voir chez ma sœur, car moi aussi je suis peut-être une de celles qui ont le plus souffert dans cette maison de Nancy.

« J'y suis entrée à douze ans, orpheline de père et de mère. Dès mon arrivée, on m'a mise au travail tout comme les grandes, à la tâche. Je savais déjà très bien travailler, très bien broder ; je ne savais ni lire ni écrire ; je suis sortie la même chose. Lorsque je n'avais pas fini ma tâche, on me mettait à genoux au milieu de la classe et du réfectoire, avec un morceau de pain sec. A cet âge, j'avais bon appétit ; lorsque je me réveillais, la nuit, je pleurais la faim. J'ai été même plusieurs fois où je me trouvais mal en me levant, j'étais forcée de tenir mon lit pour ne pas tomber, tant j'étais faible. Tout le temps que j'ai été dans cette maison, — vingt-deux ans — je n'ai jamais bu de vin, je ne savais pas ce que c'était qu'un beefsteak. Du lard au repas de midi, c'est tout, et encore tout rance.

« A quinze ans, je tombai malade, j'étais tout enflée. Malgré cela, j'étais forcée de suivre le règlement comme les autres. Les premiers jours que vous êtes malade, on fait un peu attention à vous ; mais il ne faut pas que ça dure longtemps ; ces dames en ont assez, il faut travailler.

« Pendant la guerre de 1870, je leur ai rendu d'énormes services. On n'avait que de la broderie pour l'étranger ; nous étions quatre sur cent cinquante qui savions la faire ; je me suis dévouée à montrer à d'autres. Ce que j'ai travaillé dans cette maison ! Vous croyez que j'étais mieux soignée pour cela ! Oh ! non ; nous ne mangions que de la salade et des pommes de terre. Pendant ce temps, ces dames payaient leur dettes. Elles les avaient mises par écrit sous une Vierge, pour que la Vierge nous procure du travail. En plus de nos tâches, elles nous donnaient d'autres ouvrages pour faire, disaient-elles, des surprises à la supérieure. Celles qui ne parvenaient pas à les faire, on ne les regardait pas.

« J'ai eu aussi mal aux yeux et j'ai attrapé une maladie de cœur dont je souffre toujours. Pour mes yeux, elles m'ont mis un séton, comme aux chevaux ; cela ne leur coûtait pas cher...

« J'ai vu en un seul jour trois de mes compagnes mourir, dont une comme une martyre, parce qu'on ne l'aimait pas. J'ai su que ces dames les avaient déclarées l'une après l'autre, car elles ont été enterrées à plusieurs jours de distance ; on avait peur qu'à Nancy on ne s'inquiète....

« A vingt et un ans, ma sœur avait voulu me retirer. Mais les religieuses, sans me prévenir, lui répondirent que je me plaisais beaucoup, et que je ne voulais pas partir. A ce moment-là, j'étais jeune et capable, les tirant d'affaire. A moi seule, je dirigeais presque un atelier de jeunes filles à qui je montrais à travailler, et il fallait que je fasse ma tâche quand même. On ne voyait que par moi ; je faisais tout ce qu'on voulait, jusqu'aux fleurs qui paraient les autels...

« Quand elles ont voulu se débarrasser de moi, elles m'ont fait mille ennuis. Pendant deux mois, elles m'ont mise à part, avec défense de me parler. Pendant ce temps, elles manigançaient pour me faire partir. Elles disaient à ma sœur que je voulais m'en aller, que j'étais très bien portante. Ma sœur croyait que c'était moi qui lui écrivais. Elle fut très étonnée, plus tard, de voir que je ne savais ni lire ni écrire.

« Enfin, après avoir dit à mes compagnes qu'on m'avait très bien placée, et que je serais très heureuse, on me fit conduire à la gare par une religieuse qui ne me quitta pas, de peur que je ne revienne à Nancy. A mon arrivée à Paris, grande fut la stupéfaction de ma sœur, en voyant presque un cadavre, elle ne me reconnaissait pas. Elle me demanda ma malle, et je ne savais pas ce qu'elle voulait dire, n'ayant qu'un petit paquet sous le bras, après vingt-deux ans de travail, et pas un sou.

« Ma sœur n'était pas heureuse, ayant son mari toujours malade. Quand ils me regardaient tous les deux, ils pleuraient. « Comment ferons-nous pour la placer ? » disaient-ils. On a bien cherché ; mais, dès qu'on me voyait, on ne voulait plus de moi. Ma sœur était désespérée ; elle me faisait frotter les joues afin que j'aie un peu bonne mine ; mais lorsque j'apparaissais, j'étais redevenue ce que j'étais auparavant.

« Je tombai malade huit mois. Je fus à la Pitié, de là au Vésinet. Ma sœur écrivit à Nancy pour un petit secours que j'avais largement gagné. On envoya *cent sous !* En sortant du Vésinet, une dame eut la charité de me prendre chez elle encore six semaines, à la campagne. Mais de tout cela je me sens toujours. J'ai été trois ans sans pouvoir rien faire.

« MÉLANIE LAURENT. »

L'ÉVÊQUE DE NANCY RÉPÈTE ET CONFIRME
SES ACCUSATIONS

La presse s'était emparée immédiatement de ces faits dont tous les journaux de Paris et de province reproduisaient le navrant récit.

La presse conservatrice et religieuse protestait.

naturellement. Elle essaya d'insinuer que le Mémoire attribué à l'évêque de Nancy était apocryphe. Puis, elle nia l'exactitude et la sincérité des témoignages de Mlles Lecoanet, Marchal et Laurent.

M. Turinaz ne laissa pas longtemps le public dans l'incertitude. Quelques jours à peine après la publication de son Mémoire, il en confirma l'authenticité dans une Note qu'inséra la *Semaine religieuse* de son diocèse.

Il déclarait, en outre : 1° qu'il avait accompli sa mission d'évêque en défendant le pouvoir dévolu aux évêques de France de surveiller et de contrôler l'administration temporelle des Congrégations religieuses de femmes; 2° qu'il avait encore accompli sa mission d'évêque en demandant pour les personnes sortant du Bon Pasteur un peu de linge et d'argent; 3° qu'il était convaincu que son Mémoire à la Sacrée Congrégation des Evêques et Réguliers resterait secret ; 4° qu'on l'avait publié à son insu; 5° qu'il ne l'avait jamais communiqué à qui que ce fût et ne pouvait encourir aucune responsabilité en cette affaire; 6° qu'il avait pris soin de distinguer entre la façon d'agir du Bon Pasteur et celle des autres Congrégations.

Ces déclarations étaient datées de Saint-Genix (Savoie), où M. Turinaz prenait ses vacances.

Ce fut, dans les journaux catholiques, un déchaînement de fureurs et d'anathèmes. On eût dit vraiment que le mot d'ordre avai été donné de déshonorer l'évêque, de le faire passer pour un imposteur. Les *Croix* surtout firent rage de tous côtés.

A la suite d'un article plus violent que les autres,

M. Turinaz dut reprendre la plume et se défendre. Il écrivit au P. Bailly, directeur de la *Croix* de Paris, cette lettre écrasante :

Nancy, 22 octobre 1899.

« Mon Révérend Père,

« Vous publiez dans la *Croix* d'hier un long article dans lequel l'évêque de Nancy a sa très grande part. Vous reproduisez, en en prenant évidemment toute la responsabilité, un récit que vous appelez historique, donné par *la Croix du Nord* et *la Croix des Comités*, sur l'affaire religieuse du Bon Pasteur, et vous y ajoutez vos affirmations particulières.

« Je savais que ces deux journaux et d'autres encore avaient publié ce prétendu récit historique et j'espérais pouvoir garder le silence. Mais en présence de l'article de votre journal si répandu et d'affirmations qui m'atteignent de la façon la plus grave, j'accomplis un devoir en répondant, dans les termes les plus clairs et les plus nets, à tout ce récit et à toutes ces affirmations.

« La lettre de Mgr Turinaz, dites-vous (il s'agit de la lettre extraite à mon insu de la revue romaine *Les Analecta*), avait été écrite au moment d'une irritation passagère, et le prélat a protesté contre sa publication. »

« Ainsi vous prétendez qu'un évêque a, dans un moment d'irritation passagère, formulé, dans des documents officiels envoyés à Rome, des accusations de la plus haute gravité contre une communauté et même contre une congrégation religieuse.

Il y a là, contre l'évêque, une injure très grave et une accusation odieuse que je repousse comme elles le méritent.

« De plus, vous avez, dans la Déclaration que j'ai publiée sur cette affaire le 26 septembre 1899 et que vous connaissez parfaitement, puisque vous en avez publié l'analyse dans votre journal, la réfutation manifeste de votre affirmation. En effet, cette Déclaration indique très clairement que je maintiens, le 26 septembre 1899, tous les faits que j'avais exposés dans ma lettre du 31 mars 1894. Elle affirme que j'ai accompli en cela « selon ma conscience, ma mission d'évêque ». L'irritation passagère dure bien longtemps !

« Pour insinuer, évidemment, qu'il y a là comme une rétractation, ou au moins des regrets, vous ajoutez, dans la même phrase, que j'ai protesté contre la publication de ma lettre. C'est le contraire qui est vrai ; je viens de le démontrer. J'ai regretté d'autant plus la publication de ma lettre que les faits qu'elle exposait sont plus graves et plus certains.

« Après avoir fait remarquer que l'évêque de Nancy a reçu des plaintes contre les religieuses de cette maison en mars 1894 et par conséquent il y a plus de cinq ans, le récit que vous reproduisez se poursuit en ces termes :

« Ces plaintes émanaient de quelques malheureuses récemment sorties de l'établissement, où elles s'étaient signalées par une insubordination et un mauvais esprit obstiné. Ces *pénitentes*, nullement *converties*, s'étaient échappées dès qu'elles eurent atteint leur majorité et n'eurent rien de plus pressé que de diffamer celles qui les avaient recueillies et gardées plusieurs années. »

« Tout cela est absolument inexact. Le très grand nombre de personnes dont j'ai reçu les plaintes ne sont point des *pénitentes* et des *pénitentes non converties*, mais des *préservées* ; c'est-à-dire des orphelines ou des jeunes filles exposées à des périls et que, généralement, on garde le plus long-temps possible au Bon-Pasteur. Il en est qui sont restées douze ans, treize ans, une vingt-neuf ans, dans cette maison.

« J'ai placé cette dernière, sortie du Bon-Pasteur dans des conditions déplorables et âgée de cin-quante ans, chez des religieuses qui en ont été très satisfaites. Une autre, après avoir passé douze ans au Bon-Pasteur, en est sortie dans les mêmes conditions déplorables; elle est entrée dans une congrégation religieuse et elle signe sa lettre, que j'ai sous les yeux, de son nom de religieuse. Le plus grand nombre ont été renvoyées, et je veux bien en ce moment-ci ne pas dire quelle a été la vraie cause de leur renvoi.

« Le même récit continue ainsi :

« La bonne foi du prélat fut sans doute surprise, car ces plaintes transmises par lui à Rome au cardinal-préfet, protecteur de la congrégation du Bon-Pasteur, firent l'objet d'une longue enquête qui dura un an et donna gain de cause aux reli-gieuses. Mgr Turinaz reconnut lui-même le bien fondé de cette sentence, car il pouvait en appeler à la Congrégation des Evêques et réguliers; il ne le fit pas. »

« Ici, encore, tout est inexact. Je n'ai point transmis ces plaintes, ni porté les deux causes qui concernaient les sœurs du Bon-Pasteur au cardinal protecteur de cette congrégation, mais précisément à la Congrégation des Evêques et réguliers, à laquelle d'ailleurs ces religieuses elles-mêmes avaient d'abord recouru.

Une première décision a été donnée par le cardinal-préfet de la Congrégation des Evêques et réguliers avec le concours du secrétaire de la Congrégation et d'un consulteur, et j'ai appelé de cette sentence à la Congrégation plénière des Evêques et réguliers, c'est-à-dire à la réunion de tous les cardinaux qui appartiennent à cette Congrégation, réunion présidée par le cardinal-préfet avec le concours du même secrétaire. C'est ainsi que se font les appels aux Congrégations romaines.

« Je vous défie de dire par qui a été faite la longue enquête dont vous parlez et j'affirme qu'on n'a interrogé ni l'évêque, ni l'aumônier, ni les nombreuses personnes sorties de la maison du Bon-Pasteur, et qui seules avaient toute liberté pour déposer.

« Mais, dit encore le texte que vous citez, par une erreur inexplicable, tandis que les *Analecta* publiaient tout au long la plainte de l'évêque de Nancy elles omettaient de reproduire la défense des religieuses du Bon-Pasteur, réponse péremptoire qui les avait pleinement justifiées. »

« Je n'ai pas en ce moment entre les mains la

livraison des *Analecta*, mais cette revue, comme toutes les revues qui reproduisent les discussions portées devant les Congrégations romaines, donne toujours, au moins en abrégé, les raisons des deux parties, et je crois avoir le souvenir très exact qu'il en a été ainsi dans le cas présent.

« D'ailleurs, je vais vous faire une démonstration qui me dispense d'insister sur ce point. La réponse *péremptoire* dont parlent les journaux que vous reproduisez et qui, selon vous, a justifié pleinement les religieuses du Bon-Pasteur, était évidemment basée sur la longue enquête dont vous parlez plus haut. Or, il est si complètement inexact qu'une enquête a réfuté les allégations de ma lettre du 31 mars 1894, que j'écrivais au cardinal-préfet le 26 février 1895, dans le Mémoire imprimé à la typographie secrète de la Propagande, et au sujet de la première décision donnée : « Vous ne contestez pas les faits que j'ai affirmés, ce qui démontre que les religieuses elles-mêmes ne les contestent pas; bien plus, d'une façon implicite, il est vrai, mais certaine et évidente, vous reconnaissez l'exactitude de mes affirmations ».

« *La Croix* invoque la décision favorable aux religieuses. Mais cette décision ne porte pas sur les faits eux-mêmes, mais seulement sur l'*obligation* que je voulais imposer aux religieuses de donner des secours aux personnes qui sortent de leur maison, après avoir travaillé au profit de cette maison, afin qu'elles ne soient pas exposées à tous les périls. Les termes de la décision sont à ce point de vue d'une clarté qui ne permet aucune discussion.

« Vous publiez, et en soulignant en gros caractères, une partie, du Rapport de l'*inspecteur du travail*, et qui est favorable aux religieuses.

« La réponse à ce document n'est pas aussi difficile que vous le pensez. Comme ses prédécesseurs. cet inspecteur, dont je ne conteste nullement ni la sincérité ni la bonne volonté dans l'accomplissement de sa mission, n'a pu savoir de ce qui se passe dans cet établissement du Bon-Pasteur, grâce aux précautions et mesures que j'ai signalées dans mon Mémoire envoyé à Rome, que ce que les religieuses ont voulu lui montrer, ou lui dire.

« Vous parlez d'une enquête décisive faite par cet inspecteur. Est-ce d'après son enquête que M. l'inspecteur du travail à Nancy affirme, que depuis soixante ans que la congrégation du Bon-Pasteur est fondée, elle a assuré l'existence à plus d'un millier de jeunes filles ? Quelle démonstration lui a-t-on donnée que les religieuses du Bon-Pasteur de Nancy ont placé, je ne dis pas un très grand nombre, mais un bon nombre de jeunes filles sorties de chez elles, dans l'industrie et chez des particuliers ? Je défie qu'on donne cette démonstration.

« Vous terminez par ces mots :

« Notons qu'il n'existe pas une maison du Bon-Pasteur qui puisse équilibrer son budget sans l'appoint de dons charitables. »

« Or, dans les Mémoires et lettres envoyés à Rome, j'ai démontré, par des preuves authentiques et indiscutables, que les religieuses du Bon-Pasteur de Nancy ont dépensé en quelques années plus de 500.000 francs pour des constructions dont une partie considérable n'est pas utile, et entre autres plus de 200.000 francs pour agrandir et transformer leur chapelle. Je n'ai pas à dissimuler ces faits, car ils sont consignés dans ma lettre qui a été publiée à mon insu et contre mon gré.

. . . .
. . . .

CHARLES FRANÇOIS,
Evêque de Nancy.

Voilà qui était de plus en plus net.

Mais, il faut enregistrer tout de suite, bien que nous ne les ayons connus qu'en 1901, les documents auxquels l'évêque de Nancy fait allusion dans cette lettre au P. Bailly, savoir : son second Mémoire à la Congrégation des Evêques et Réguliers, et quelques-unes au moins des plaintes qu'il avait reçues d'anciennes pensionnaires du Bon-Pasteur.

C'est au cours du procès Leccanet que ces pièces ont été rendues publiques par la lecture qui en a été faite aux juges de Nancy. Elles ont paru ensuite dans le journal *la Fronde* et un peu partout.

Au point de vue qui nous intéresse spécialement, la seconde partie du second Mémoire a seule de l'importance. La voici :

« J'ai affirmé dans un Mémoire adressé le 31 mars 1894, à la Sacrée-Congrégation des Evêques, et Réguliers, que les religieuses du Bon-Pasteur de Nancy font travailler 11 heures et parfois 15 heures par jour les jeunes filles qu'elles reçoivent dans leur maison, ce qui est en opposition avec les lois civiles françaises. Qu'après 5 ans, 10 ans, 15 ans ou 20 ans ; et même 30 ans de ce travail qui enrichit ces religieuses à tel point qu'elles peuvent dépenser en quelques années plus de 500.000 francs pour des constructions dont une partie au moins ne répond à aucun besoin réel, ces jeunes filles, quand elles sortent de la maison, ne reçoivent ni trousseau, ni linge, ni argent, ou bien ne reçoivent, depuis que j'ai réclamé, que des sommes insignifiantes, sans rapport avec leur travail. En les laissant sortir ou en les renvoyant ainsi, ces religieuses livrent ces jeunes filles à tous les périls, et parfois à toutes les hontes. J'ai dit que soixante de ces jeunes filles ont été renvoyées en trois mois, dans ces conditions, parce que, malgré toutes les sollicitations et toutes les menaces des religieuses, elles continuaient à avoir confiance en M. l'aumônier et à vouloir se confesser à lui.

« Contrairement à ce que font les religieuses et même les laïques qui dirigent des Orphelinats ou des maisons de refuge pour les jeunes filles, ces religieuses ne s'occupent pas de les placer quand elles sortent, les exposant encore aux plus grands périls. On n'apprend pas à ces jeunes filles les travaux qui peuvent les rendre utiles à leur famille et qui leur permettent de gagner honnêtement leur vie : (on ne leur fait faire que des broderies parce qu'elles rapportent plus d'argent aux religieuses) ;

3.

pàrmi ces broderies, il en est de draps de lit, de linge personnel, etc..., dont le luxe et la forme ne peuvent qu'exciter les pensées les plus contraires à la morale, et qui ne peuvent servir qu'à des courtisanes. J'ai demandé à la Sacrée-Congrégation si des religieuses peuvent, sans pécher très gravement, travailler et faire travailler à de pareils objets, contribuer aux péchés des courtisanes, scandaliser des jeunes filles déjà presque toutes disposées au mal et causer le plus grave scandale aux personnes qui connaissent une pareille façon d'agir.

« Voici, au sujet de ces questions d'une si exceptionnelle gravité, ce que Votre Eminence m'a écrit :

« Tandem licet consilium providendi orphanas cæterasque puellas e pia domo egressuras sit charitati consonum et Amplitudinis tuæ pastoralis amoris specimen exhibeat, tamen quum in constitutionibus id præscriptum non sit, neque appareat consuetudinem super hac re unquam in Instituto viguisse, non posset sine gravi incommodo hoc onus sororibus imponi. »

J'ai répondu :

« 1° Vous ne contestez pas les faits que j'ai affirmés, ce qui démontre que les religieuses elles-mêmes ne les contestent pas. Bien plus, d'une façon implicite, il est vrai, mais certaine et évidente, vous reconnaissez l'exactitude de mes affirmations.

« 2° Le principe exprimé, à savoir qu'on ne peut

rien imposer à ces religieuses à moins que cela ne soit prescrit dans leurs constitutions ou dans les usages de leur congrégation, ce principe les autoriserait à commettre toutes les fautes qui ne sont pas directement prévues par leurs constitutions.

« 3° Vous reconnaissez du moins qu'il s'agit d'un devoir de charité. Est-ce que les devoirs de la charité n'obligent pas rigoureusement les religieuses ? Mais les devoirs de charité à l'égard des jeunes filles coupables ou exposées au mal sont précisément le but premier, le devoir capital, essentiel de ces religieuses. Leurs constitutions, leur titre même en font foi : elles s'appellent *Les Sœurs de la Charité du Bon-Pasteur*. Leurs constitutions les obligent à s'occuper activement et par tous les moyens en leur pouvoir de la moralisation et du salut des jeunes filles coupables ou exposées au mal. Et il faudrait admettre qu'elles peuvent se donner pour but essentiel d'exploiter ces jeunes filles, en les soumettant à un travail qui dépasse leurs forces, pour gagner ainsi le plus d'argent possible? Qu'elles peuvent les livrer (en les renvoyant sans ressources et sans s'occuper de leurs trouver des places convenables) à tous les périls et parfois aux hontes de la prostitution ?

« Mais en dehors même des constitutions et du but de cette congrégation religieuse, qu'est-ce qu'il peut donc y avoir de plus opposé, non pas à la perfection religieuse, à l'esprit chrétien, mais à l'honnêteté naturelle et aux principes les plus élémentaires de la morale ?

« Toutes les religieuses de mon diocèse qui ont

des orphelinats de jeunes filles — religieuses du Sacré-Cœur, sœurs de Saint-Vincent-de-Paul, religieuses de Saint-Charles, religieuses de la Doctrine, religieuses Dominicaines, religieuses de la Foi, religieuses de la Sainte-Enfance, etc., etc... — n'ont pas un mot de leurs constitutions qui les oblige à placer ces jeunes filles quand elles sortent, à leur apprendre des travaux qui leur soient utiles, à leur donner, à leur sortie, quel qu'en soit le motif, du linge et de l'argent selon le temps qu'elles ont passé dans leur maison et le travail qu'elles ont fait, afin qu'elles ne soient pas de nouveau exposées à tous les périls, et que, si elles ne peuvent rester au bout de quelque temps dans les premières places que les religieuses leur ont procurées, elles puissent chercher une autre place sans mourir de faim ou être condamnées à se perdre ; et toutes ces religieuses accomplissent ces devoirs et il en est ainsi dans la France entière.

« 4° Mais il ne s'agit pas seulement de la charité ; il s'agit évidemment des devoirs les plus rigoureux de la justice et de la morale, car que fait-on du salaire qui est dû à ces jeunes filles ? Il en est même pour lesquelles les personnes qui les patronnent ou leurs parents paient une petite pension. Celles qui sont restées un temps considérable dans la maison gagnent une somme bien supérieure aux dépenses de leur nourriture et de leur entretien. C'est ce travail des jeunes filles qui enrichit la maison. J'ai dit et je répète qu'il n'y a pas dans tout ce pays un patron, un chef d'atelier impie, juif ou franc-maçon, qui exploite ainsi ses ouvriers et ses ouvrières et qui les traite comme ces religieuses traitent les jeunes filles qu'elles prétendent recevoir par charité. Il n'en est aucun qui, après avoir exploité des ouvrières et les avoir dépouillées de ce qui leur est dû en rigoureuse justice, les livrerait à tous les périls.

« Il s'agit ici de la violation évidente des enseignements de Notre-Saint-Père le Pape Léon XIII sur les devoirs les plus sacrés des patrons et sur les devoirs les plus sacrés des ouvriers.

« 5° Je l'ai dit et je le répète, si les faits oue j'ai rapportés et dont le premier journaliste venu pourrait recueillir les preuves indiscutables, si ces faits étaient publiés par un seul journal, et ils peuvent l'être d'un jour à l'autre, ils seraient exploités dans toute la France et au delà par les ennemis des Congrégations religieuses et causeraient le plus lamentable scandale.

« Je fais observer de nouveau que ces crimes sont certainement commis dans toutes les maisons du Bon Pasteur. Ce qui le démontre jusqu'à l'évidence c'est que, malgré mes réclamations, la provinciale et la supérieure générale défendent et approuvent la conduite de leurs religieuses de Nancy.

« Pour mettre fin à de tel abus il n'y a aucune raison de modifier en quoi que ce soit les constitutions des religieuses du Bon Pasteur ni d'y ajouter quoi que ce soit. Il suffirait de leur rappeler les devoirs de la charité et de la justice que pratiquent tant d'autres congrégations sans que ces devoirs soient indiqués dans leurs constitutions.

« Il suffirait que la S. Congrégation des Evêques et Réguliers *ordonnât* à la Congrégation des Religieuses du *Bon Pasteur d'Angers* de s'occuper de trouver des places convenables pour les jeunes filles et les personnes qui sortent de leurs maisons. Elles peuvent faire cela, et par leurs sœurs qui vont en ville, et par des personnes dévouées, et par lettres, comme le font tant d'autres religieuses; de conserver avec ces jeunes filles et ces personnes des relations qui seraient pour elles d'un grand secours contre les périls qui les environnent, et enfin de donner à ces jeunes filles et à ces personnes, après avoir tenu compte des dépenses qu'elles ont imposées à la maison, du temps qu'elles y ont passé et du travail qu'elles ont fait, de leur donner, quand elles sortent, du linge et une somme d'argent, afin qu'elles ne soient pas exposées à tous les périls et à toutes les chutes, si elles ne trouvent pas immédiatement à se placer convenablement, ou si, après avoir accepté une place, elles ne peuvent y rester. La S. Congrégation demanderait aux évêques de veiller à l'exécution de ces ordres.

« Je reproduis en *appendice* à la fin de ce Mémoire une série de lettres de personnes sorties de la maison du *Bon Pasteur* de *Nancy* qui confirment tout ce que j'ai avancé. J'aurais pu en reproduire un bien plus grand nombre. Il y a à *Nancy* et aux environs à peu près 80 personnes qui ont été, depuis moins de 2 ans, renvoyées ou plutôt jetées à la rue, dans ces conditions par les religieuses du *Bon Pasteur* de cette ville.

« Je rappelle encore que j'ai démontré par des preuves irréfutables à la Sacrée Congrégation du Saint-Office que les religieuses du *Bon Pasteur de Nancy* ont *calomnié* très gravement et avec obstination leur aumônier et leur évêque.

« J'ai la ferme confiance que l'assemblée générale de la Sacrée Congrégation voudra bien prendre en sérieuse considération les raisons et les faits que je viens d'exposer dans les deux parties de ce Mémoire; qu'elle voudra bien, mal tenir le droit des évêques; rappeler les religieuses du *Bon Pasteur* à la pratique des devoirs les plus essentiels de la charité, de la justice, des enseignements de Léon XIII sur le salaire et préserver toutes les congrégations religieuses de *France* de véritables désastres. »

Signé : CHARLES FRANÇOIS,
évêque de Nancy.

Voici, maintenant, quelques extraits des lettres reproduites par l'évêque en *appendice* à son Mémoire :

« Sortie depuis quelques mois du *Bon Pasteur de Nancy*, j'habite chez mon oncle à Chambéry.

« Dans cette maison du *Bon-Pasteur*, les enfants sont condamnées chaque jour à onze heures du travail, quand ce n'est pas 14 à 15. A part les jours de repos obligatoire, et le jour de la fête de la Mère, elles n'ont jamais de congé, même pas le jour donné par Monseigneur. Pour elles pas une promenade dans l'année, pas un office du soir ni pendant l'Avent, ni pendant le Carême, ni pendant la semaine sainte, ni pendant le mois de Marie, du Sacré-Cœur, du Saint-Rosaire, ce serait du temps perdu. Les rares bénédictions qui se donnent en dehors du dimanche se donnent toujours après la messe. Souvent même on ne va pas à la messe en semaine, parce qu'on est trop pressé. Malgré cela les Mères reprochent qu'on ne travaille pas assez, et les plus zélées font pendant la récréation des taies ou des mouchoirs mystiques, c'est-à-dire de piété.

« Et qu'apprend-on à faire à la maison ? Les parents s'imaginent qu'on y apprend à tout faire ; c'est une erreur. On n'apprend généralement à faire qu'une seule chose, des jours, des dessins dans la lingerie. C'est un ouvrage qui rapporte beaucoup à la maison, mais qui se fait rarement dans le monde et, d'ailleurs, défense est faite d'emporter en sortant, des échantillons de dessins faits à la maison; de plus, l'on vous visite partout; ainsi les enfants n'apprennent à peu près rien qui puisse leur servir plus tard, et encore on ne veut pas qu'elles se servent pour elles du peu qu'elles ont appris.

« Et que donne-t-on aux enfants à leur sortie de la maison ?

« Monseigneur, moi je n'ai rien reçu, pas même une chemise, ni un mouchoir, ni un sou. Ce n'est pas étonnant, puisque je n'ai été à la maison que deux ans. Mais je sais que bon nombre de compagnes qui ont passé là 10 ans, 15 ans, 20 ans et plus, n'ont pas reçu davantage; et beaucoup gagnaient 3 et 4 fr. par jour.

« Monseigneur, excusez ma hardiesse, mais je trouve que ces mères-là ne sont pas assez mères. Elles n'aiment pas leurs enfants, elles n'aiment que l'argent que les enfants gagnent. Les enfants sont traitées avec dureté, hauteur et mépris; elles auraient besoin d'autre chose que cela : un peu d'estime et d'affection leur ferait tant de bien! Eh bien, Monseigneur, si une mère nous aimait, on la faisait disparaître. Il n'y a de bien traitées que les flatteuses qui sont en adoration devant les mères, et qui, sous prétexte de direction, vont se mettre à genoux devant elles dans la petite chambre voisine de la classe et se confesser à la mère du Mont-Carmel. Les maîtresses, il est vrai, ne les obligent pas à ces confessions, mais les enfants qui ne les font pas sont regardées de travers et traitées de mauvais esprits et de mauvais cœurs. Monseigneur, j'avoue que j'étais de ces dernières, car je trouvais que me confesser à M. l'Aumônier, c'était bien assez. Celui-là, Monseigneur, est bien différent de nos mères. Dans ses instructions et ses catéchismes, il nous parlait avec toute son âme: nous sentions qu'il nous estimait, qu'il nous était dévoué et qu'il nous aimait. Il ne cherchait qu'une chose, comme il le répétait souvent, établir en nous le règne de Dieu.

« Voilà, Monseigneur, ce que j'avais à dire à Votre Grandeur. Vous penserez, Monseigneur, ce que vous voudrez de ma hardiesse. Quoi qu'il en soit, je me suis soulagée parce que je vous ai dit la vérité et rien que la vérité. »

Marie C. chez M. P.

Les quelques lignes suivantes, dans leur brièveté, ne sont-elles pas accablantes ?

« Monseigneur, j'ai beaucoup de peine. J'ai passé 29 ans dans cette maison et je suis arrivée à l'âge de 50 ans. Mes maîtresses ne m'ont donné que 20 francs et je n'ai pas de place. A mon âge, il est bien difficile d'en trouver. Elles m'ont donné un petit trousseau. 29 ans de travail, 20 francs, voilà la récompense. Je n'ai déjà presque plus rien et pas de place. »

JULIE F.

La lettre suivante est d'une saveur toute particulière pour les pieux catholiques :

« Je soussignée, Lucie P.... en religion sœur Sainte-Chantal, religieuse de la Doctrine Chrétienne, demeurant à Nancy, école Saint-Sigisbert, certifie être restée au couvent du Bon Pasteur, du 10 février 1880 au 10 octobre 1892.

« Pendant ces 12 années et demie, tous les jours, excepté le dimanche et les fêtes, j'ai travaillé au moins 11 heures et quelquefois même 14 *ou* 15 *heures par jour.*

« Mon travail a consisté à peu près exclusivement à faire des jours et des dessins dans la broderie très fine, ce qui *a fatigué beaucoup ma vue.* Mes maîtresses et mes compagnes voulaient bien reconnaître que j'étais une des plus habiles ouvrières dans ce genre de travail.

« Malgré cela, mes maîtresses me mirent au jardin et à la boulangerie; ce travail était au-dessus de mes forces; j'ai contracté des douleurs de reins qui pendant sept ans me firent souffrir.

« Craignant d'être à la charge de la maison, *je demandai à partir, ce qu'on me refusa*, et quelque temps après, le mal empirant toujours, on me renvoya, sans que je m'y attendisse.

« Cette maladie qu'on croyait incurable a disparu 15 jours après ma sortie, grâce à un régime alimentaire plus fortifiant.

« Je dois, à la vérité, dire que mes maîtresses m'ont rendu, à ma sortie, le trousseau que j'avais apporté en entrant; mais elles n'y ont ajouté quoi que ce soit.

« Elles m'ont payé un billet de chemin de fer de Nancy à Bar-le-Duc, mais rien de plus. Quand j'ai quitté le Bon Pasteur, ma maîtresse m'a affirmé avoir prévenu de mon départ des parents habitant Bar-le-Duc, mais ce n'était pas vrai, et mes cousines furent bien étonnées et même effrayées de me voir arriver. J'affirme, en outre, n'avoir jamais eu à me plaindre en quoi que ce soit de M. l'aumônier du Bon Pasteur. Toujours il m'a soutenue, consolée, encouragée comme un bon père. Il ne m'a jamais donné que d'excellents conseils ; il a travaillé sans relâche à mon avancement spirituel et si, aujourd'hui, j'ai le bonheur d'être religieuse, après Dieu, c'est principalement à lui que je le dois. Je lui en serai éternellement reconnaissante. Sœur SAINTE-CHANTAL.

Il semble donc que les catholiques eussent dû être les premiers, quand de telles monstruosités furent dévoilées, à les flétrir et à les condamner.

Nous avons vu qu'il n'en fut rien, dans la presse. Au contraire.

A la Chambre, lors de l'interpellation Fournière, il en alla de même. L'abbé Lemire ne craignit pas de s'en prendre directement à l'évêque de Nancy, qui fut une fois encore contraint de répondre. Il écrivit au député d'Hazebrouck une lettre dont voici le passage essentiel :

« Quand, pressé par vos auditeurs, vous avez été obligé d'arriver aux faits reprochés aux religieuses du Bon-Pasteur de Nancy, vous vous êtes contenté de citer le Rapport de l'inspecteur du travail, rapport auquel j'ai répondu dans une lettre adressée à la *Croix* de Paris, le 18 octobre 1899.

« Je tiens à ajouter à ce que j'ai dit dans cette réponse que M. l'Inspecteur a reconnu devant moi qu'en disant que les religieuses du Bon-Pasteur « ont assuré l'existence à plus d'un millier de jeunes filles », il n'a pas entendu dire qu'elles en avaient placé même quelques-unes, au sortir de leur maison.

« Tout ce que contient cette réponse à vos affirmations a été dit dans mes lettres adressées à Rome et qu'une déplorable indiscrétion a livrées au public, et dans différents documents que j'ai dû publier pendant ces derniers temps, en particulier dans la lettre adressée à la *Croix* et que je rappelais, il y a un instant.

« Personne ne pourra contester, ce qui est l'évidence même, que ces papiers sont essentiels à cette affaire.

« Or, de deux choses l'une : Si vous connaissiez ces documents, quel jugement faut-il porter sur vos affirmations ? — Si vous n'en avez pas pris connaissance, quel jugement faut-il porter encore ?

« Je suis condamné à vous le rappeler en finissant : il est des lois obligatoires pour tous, *même pour un catholique et un prêtre à l'égard d'un évêque.* »

Je ne sache pas que l'abbé Lemire, dont la bonne foi et la loyauté apparaissaient sous un assez mauvais jour, ait riposté quoi que ce soit. C'était difficile.

Le dernier mot resta donc à l'évêque ; non parce qu'il était évêque, mais parce qu'il avait dit la vérité.

LE PROCÈS LECOANET

Je passe sur l'interpellation Fournière qui tint la tribune de la Chambre, les 28 et 30 novembre 1899.

M. Fournière y apporta, avec quelques appoints personnels, le dossier qui est ici étalé à tous les yeux. MM. Lafferre et Beauquier révélèrent quelques faits qui trouveront leur place plus loin, quand il s'agira des établissements qui en furent le théâtre.

Insistons un peu sur le procès Lecoanet, non pour en raconter au long les péripéties, mais pour noter, au passage, ce qui peut ajouter quelque chose au dossier du Bon-Pasteur. Je ne saurais trop répéter que c'est mon but principal, mon but unique ici. J'accumule un faisceau de documents, de témoignages, de preuves aussi irréfutables que possible, pour le juge souverain auquel je le destine : l'opinion publique.

Le lendemain même de l'interpellation Fournière, Mlle Lecoanet adressait au procureur général d'Angers, la requête suivante :

« Paris, 1er décembre 1899.

« Monsieur le Procureur général,

« Ne pouvant, faute de ressources, faire valoir mes droits contre le Bon-Pasteur, j'ai demandé l'assistance judiciaire.

« Elle m'a été refusée,—à moi comme à d'autres.

« Certes, Monsieur le Procureur général, je me suis souvent dit que c'était une situation triste et douloureuse de ne pouvoir même s'adresser à la justice.

« Et cependant, quand j'y réfléchissais, je ne m'étonnais pas trop du refus qui m'avait été opposé. Les faits que j'énonçais étaient d'un tel caractère et si graves que leur gravité même les rendait invraisemblables.

« On ne me disait pas, en termes formels, que j'étais une menteuse, mais on le pensait. Personne, absolument personne, ne voulait croire que les faits que je signalais, dont je me plaignais, avaient pu se passer vraiment.

« Le défaut de ressources m'a donc, comme tant d'autres, obligée à garder le silence.

« Mais, quand on a vu la lettre de Mgr Turinaz ; quand on a vu que Mgr Turinaz, loin d'effacer sa première lettre la maintenait, beaucoup, qui avaient pris les plaintes pour des calomnies, ont reconnu que nous étions des victimes.

« Les mêmes faits ont été portés à la tribune de la Chambre.

« Vous pensez, Monsieur le Procureur général, si toutes les victimes se sont intéressées à tout cela, car c'était de leur existence passée qu'il s'agissait. Et quelle existence ! Non, non, jamais on ne saura ce que j'ai souffert, ce que nous avons souffert au Bon-Pasteur de Nancy.

« Parlant de l'une de nous, M. le député Chenel a dit : « *Personne ne pouvait la retenir malgré elle dans l'établissement.* » Comme il se trompe ! Et comme il voit mal les conditions dans lesquelles nous vivions ! S'il s'en doutait, il n'aurait pas dit cela, c'est sûr. Comment sortir ? La maison n'est-elle pas fermée ? Comment communiquer avec le dehors et dire nos plaintes et nos souffrances ? Parmi nous il y avait beaucoup d'orphelines. A qui se seraient-elles adressées ? Celles qui avaient des parents étaient-elles plus heureuses ? Mais, le plus souvent, ils étaient incapables, matériellement ou autrement, de toute protection. Et pour les privilégiées, pour celles qui avaient des parents occupés d'elles, on aurait bien tort de croire qu'elles pouvaient faire entendre leurs plaintes. Comment eussent-elles fait ? Ecrire ? Mais nos lettres ne partaient pas. Et, quand les parents venaient, comment se plaindre ? On ne causait que derrière un grillage. Nous étions cloîtrées. Un grillage n'empêche pas de parler ? C'est vrai. Mais, à côté de la pensionnaire, il y avait toujours une religieuse, dont la présence glaçait nos lèvres. Vous ne vous imaginez pas dans quelle atmosphère de contrainte et de terreur nous vivions !

« Il y a autre chose encore.

« Les pensionnaires n'appartenaient pas au monde riche, ni même au monde aisé. Toutes nous venions de parents pauvres. Veuillez, dès lors, considérer la situation de celles qui étaient sans parents. Que devenir en sortant ? C'était notre épouvante. Car, comme on ne nous donnait rien, quand nous partions, chacune de nous se demandait ce qu'elle deviendrait, dans la journée même de son départ. Il n'y a que celles qui ont passé par là pour comprendre comme nous étions liées à notre sort, impuissantes, de toute façon, à en sortir. C'était épouvantable. Mes souvenirs me donnent le frisson. Quelles années j'ai vécues là ! Et comme on nous tenait bien !

« Je viens, Monsieur le Procureur général, vous renouveler ma demande pour obtenir de votre bienveillance l'assistance judiciaire.

« Je suis entrée dans la maison de Nancy en 1871. J'étais orpheline. J'avais seize ans. Je suis sortie le 12 mars 1889, après dix-sept ans de travail incessant, travail à la tâche, depuis le matin cinq heures jusqu'à sept heures du soir, sans interruption, pour ainsi dire, sans repos, et avec une nourriture tellement insuffisante que l'anémie sévissait sur presque toutes. Mais, en vérité, je n'ose vous parler de cette nourriture, Monsieur le Procureur énéral, de peur de me rendre à vos yeux suspecte de méchante exagération. Et, dans le travail, je ne parle pas des « mystiques » qu'il fallait faire en prenant sur le temps du sommeil.

« Notre travail exigeait un grand et perpétuel effort de la vue. En 1887, mes yeux étaient perdus. Impossible de continuer le même travail. Pendant les derniers dix-huit mois, on m'a mise à la lessive, au repassage ou à la vaisselle.

« J'ai l'honneur, Monsieur le Procureur général, de vous demander si, à cause de cette infirmité, j'ai le droit de réclamer une indemnité. Car cette infirmité ne cessera qu'avec moi.

« L'anémie m'a ravagée comme tant d'autres. Le médecin avait ordonné des fortifiants. Mais on a répondu que c'était trop cher. Pourtant, on m'a donné, la dernière année, un verre de vin à midi.

« La justice est, sans doute, en droit de me faire examiner par des médecins. Ils diront si je mens ou si je dis la vérité. Et la justice pourra entendre des témoins. Par eux encore on verra si mes plaintes sont exactes. Je peux, si vous le voulez, vous citer des noms et adresses.

« Enfin, Monsieur le Procureur général, je viens encore vous demander si la justice peut admettre qu'on profite de nos meilleures années, d'un travail ininterrompu, à la tâche, surveillé et acharné,

4

sans que, après ce travail de tous les jours, de tous les instants, il ne nous reste rien, rien.

« Si la justice peut admettre cela, si je n'ai aucun droit, soit à cause de ma santé perdue, soit à cause de mes yeux perdus, soit pour les années de travail que j'ai fournies, je n'ai qu'à m'excuser auprès de vous.

« Ce n'est pas la peine que j'aie l'assistance judiciaire si je dois, en définitive, être sans droit. Sans avoir jamais fait aucun mal, n'ayant aucune faute à me reprocher, j'aurai peiné pour rien, désormais incapable du même effort et du même travail. Je ne puis faire maintenant que de la confection à la machine.

« Si, au contraire, Monsieur le Procureur général, mes infirmités prises au couvent du Bon-Pasteur, de Nancy, à cause de la vie qui m'y a été faite, et si le travail que j'y ai donné doivent avoir une compensation, je vous demande, je vous supplie de me donner l'assistance judiciaire, afin que des experts puissent constater mes infirmités et que des témoins puissent être entendus.

« Veuillez agréer....

« MARIA LECOANET. »

Le Procureur général d'Angers, siège de la maison-mère du Bon-Pasteur, renvoya cette requête à Nancy. Elle fut rejetée. C'était le cinquième refus du même genre qu'essuyait Mlle Lecoanet.

Le parti pris des juges, le systématique déni de justice à une plaignante notoirement sans ressources étant bien établi, la Ligue des Droits de l'Homme se chargea des frais et engagea les poursuites.

Le 13 juillet 1901, la Cour d'appel de Nancy avait ordonné une enquête sur les dires et une expertise médicale sur l'état de santé de Mlle Lecoanet. Au cours des débats qui avaient précédé cet arrêt on avait lu, à la demande de M. Prévost, avocat de la plaignante, le second Mémoire de l'évêque et des lettres d'anciennes pensionnaires du Bon Pasteur qui s'y trouvaient annexées. On avait lu également les dépositions faites par un certain nombre de témoins devant les enquêteurs administratifs, commissaires de police et inspecteurs de la Sûreté, que M. Waldeck-Rousseau avait chargés de vérifier les accusations portées par les journaux d'abord, et ensuite par les députés interpellateurs, Fournière, Lafferre et Beauquier.

Je reproduirai seulement deux de ces témoignages qui se répètent tous et se confirment 'es uns les autres. Ces deux-là m'ont simplement paru plus complets et plus typiques.

Mlle Jeanne K. a dit :

« J'ai été placée à la maison du Bon Pasteur par mon père, moyennant une redevance annuelle de 100 francs, le 28 juillet 1890 et ai été libérée vers le même mois de 1894.

« Les heures de travail dans cet établissement sont régulières et chaque pensionnaire est affectée, selon ses aptitudes, à un travail spécial, qui ne varie plus lorsqu'on y est très habituée.

« Mes occupations consistaient à faire des broderies à jours dans la lingerie fine, travail très fatigant, notamment à la lumière.

« Lorsque les commandes étaient pressantes, notamment en hiver, nous étions obligées, en dehors des heures de travail, de veiller la nuit dans les dortoirs qui n'étaient jamais chauffés et il nous arrivait souvent de ne prendre notre repos qu'à deux heures du matin, sans pour cela être dispensées de nous lever à l'heure réglementaire.

« J'avais demandé à renoncer à ce travail, mais je n'ai jamais pu obtenir satisfaction.

« Il était impossible de me plaindre à ma famille qui venait me voir quelquefois, car au parloir j'étais toujours sous la domination d'une sœur qui ne craignait pas de faire changer la conversation en me menaçant du regard ou par un geste quelconque.

« Quant à la nourriture elle était exécrable et il m'est arrivé, alors que je servais à table, de constater le peu de soin qu'on apportait à la préparation des aliments.

« *La soupe était mauvaise, et journellement on nous donnait une portion de mauvais lard jaune et rance.*

« *Généralement on se plaignait en hiver du manque de literie pour se préserver du froid dans les dortoirs où, je vous le répète, on ne fait jamais de feu.*

« *Personnellement, j'étais une pensionnaire des plus privilégiées en raison de mon habileté au travail.*

« Je sais qu'on ne faisait pas de distinction d'âge

et que *des jeunes enfants étaient à la tâche et obligées de fournir le travail commandé.*

« Je dois ajouter que parmi mes compagnes, deux étaient spécialement affectées à la fabrication du pain nécessaire pour tout le personnel de l'établissement qui s'élevait, y compris les religieuses, à environ 350, et deux à la confection de la chaussure.

« L'une des deux premières, qui a reçu au couvent le surnom de Mathilde, originaire de Bains-les-Bains, se plaignait de fatigues qui déterminèrent chez elle une faiblesse extrême. Cette jeune fille est décédée dans l'établissement à l'âge de 21 ans, après avoir reçu pendant environ six semaines les soins du docteur Guillemain.

« Une autre jeune fille du nom de Pauline Honoré, dite Pierrette, originaire d'Epinal, (dont *le* père est voyageur de commerce) *et qui souffrait moralement de son internement, ayant demandé en vain de quitter la maison à sa majorité, a été atteinte de démence et transférée à l'asile de Mazéville en 1893 ou 1894.*

« *A deux reprises différentes, à l'occasion de l'arrivée de l'Inspecteur, on a fait disparaître tout le travail fin pour le remplacer par de la lingerie ordinaire.*

« *L'Inspecteur n'interrogeait que les filles ou enfants qui étaient toujours choisies par les sœurs comme étant les plus soumises et en bonne santé.*

Mme Hortense Taron, berceuse à la crèche No 4.

tre-Dame, rue Sellier, à Nancy, a déposé en ces termes :

« J'ai été placée à l'âge de 15 ans *par l'Assistance publique*, le 3 décembre 1874, à la maison du Bon Pasteur, où j'ai fait un séjour de 20 ans, jusqu'au 16 mars 1894.

« En raison de ce long séjour, je puis vous donner des renseignements très complets sur l'administration de la maison, en ce qui concerne les travaux et le régime des pensionnaires.

« J'ai été occupée, dès mon arrivée, à des travaux d'aiguille dans des tissus très fins destinés à mon avis, à une clientèle spéciale, et ai continué ce même travail pendant les 20 années passées à la maison.

« J'étais considérée comme une des ouvrières les plus habiles et chargée d'instruire les arrivantes

« Je faisais, comme toutes mes compagnes, au minimum 12 heures de travail par jour en été et 11 heures en hiver et à certains moments de presse nous travaillions même en dehors de ces heures.

« Il est vrai que jamais aucune de nous n'a été contrainte à ce travail supplémentaire, mais tout nous indiquait que nous avions intérêt à le faire, pour être bien vues des sœurs qui réprimandaient celles qui n'arrivaient pas à produire un certain travail, et qu'elles traitaient de paresseuses et filles molles, quelquefois à tort, car j'ai connu *des jeunes filles anémiées et très fatiguées qui, malgré leur bonne volonté, étaient incapables de faire leur ouvrage.*

« L'une d'elles, qui avait le nom de Solange, au couvent, et que tout le monde connaissait *comme étant atteinte de phtisie, n'était pas plus ménagée que les autres, et elle a travaillé jusqu'à la veille de sa mort vers 1893, 1894, sans avoir reçu les secours et les soins que nécessitait son état.*

« *Plusieurs autres sont décédées à peu près dans les mêmes conditions et de la même maladie.*

« *Les malades n'étaient admises à l'infirmerie que pour des cas bien caractérisés ;* alors elles recevaient là un meilleur traitement.

« En ce qui concerne l'alimentation, elle était suffisante comme quantité, *mais non comme qualité et souvent malpropre, car il n'était pas rare de découvrir dans la marmite,* au moment de servir, des *épluchures de légumes, du linge de cuisine et des morceaux de charbon.*

« *Le lard qui servait pour la soupe était habituellement de très mauvaise qualité et on ne le mangeait qu'avec dégoût.*

« Pendant les neuf premières années, je n'ai jamais eu de vin et ce n'est qu'*après une épidémie de fièvre typhoïde* que du vin a été distribué, à midi, pendant quelques mois, mais par la suite, cette faveur ne se faisait plus que les jours de fêtes.

« J'ignore quels sont les changements survenus depuis mon départ, mais il paraît qu'il y a eu de l'amélioration.

« La literie était passable, mais l'hiver *beaucoup de pensionnaires se plaignaient du froid dans les dortoirs* qui n'étaient jamais chauffés par n'importe quelle température et nous n'avions du feu que dans les salles de travail.

« Nous n'avions pas le nécessaire *pour les soins de propreté corporelle, car nous ne possédions même pas de savon, et devions nous servir de notre vase de nuit comme cuvette.*

« En résumé, je puis dire que nous subissions *un traitement trop rigoueux pour un travail excessif.*

« En quittant la maison, j'ai reçu deux cents francs, grâce à l'intervention de Monseigneur l'évêque de Nancy, somme qui devait me tenir lieu de trousseau.

« Deux autres filles ont reçu également, après 25 et 30 ans de séjour, des sommes de 150 et 100 fr. Ces deux filles sont, l'une décédée, et l'autre à Paris.

« J'ai connu plusieurs filles qui sont sorties de la maison du Bon Pasteur, après des séjours plus ou moins longs, *malades, sans ressources, sans situation, et obligées de recourir à d'autres assistances pour y trouver un refuge,* car les sœurs du Bon-Pasteur ne se préoccupent de placer qu'exceptionnellement.

Mme Hortense Taron a dû expier sa franchise. Elle a été renvoyée de la place qu'elle occupait à la crèche Notre-Dame.

Le 4 février 1903, le procès revenait devant la Cour de Nancy. L'enquête et l'expertise ordonnées en 1901 avaient eu lieu et le Bon Pasteur avait pu, de son côté, fournir ses preuves à la contre-enquête.

Me Prévost fit, toutes pièces en main, un tableau fidèle du régime auquel étaient soumises les orphelines de Nancy. Il les montra confondues dans une entière promiscuité, préservées et repenties pêle-mêle ; il les montra surmenées de travail, infectement nourries de lard rance et de légumes écœurants, frappées, torturées, terrorisées par la mère du Mont-Carmel, maintenues dans une abrutissante ignorance, littéralement séquestrées, faisant des vœux et suppliant le Dieu des bonnes sœurs pour être délivrées par la mort de leur vie intolérable.

Il serait trop long de citer ici toutes les dépositions sur lesquelles Me Prévost a basé son argumentation. En voici quelques-unes, dans ce qu'elles ont de plus frappant :

Promiscuité

Mlle Genet. — Dans la grande classe les enfants étaient mélangées. Il y en avait de très bonne famille et d'autres jeunes filles qui étaient très mauvaises. Il y en avait une qui avait eu un enfant et qui l'avait tué et une autre qui a avoué à l'une de ses compagnes qu'elle avait tué son amant.

Jardinage, Boulangerie, etc.

Mme Blanchard. — J'avais quinze ans et demi. Nous étions cinq jardinières : la plus jeune avait quatorze ans et la plus âgée vingt-cinq ans. On nous faisait lever de grand matin, car souvent j'entendais sonner 5 heures l'été, alors que nous bêchions déjà. On nous donnait à chacune notre tâche... En outre de cela, quand il faisait nuit, on nous mettait encore aux travaux de couture.

Mme Hamant. — Je me souviens d'une jeune fille de Bains-les-Bains qu'on appelait « la grosse Mathilde ». Elle était arrivée en très bon état de la campagne ; on l'a mise aux travaux de la boulangerie et j'ai la conviction que ces travaux ont amené sa mort, tellement ils étaient pénibles. Elle est restée deux mois à la boulangerie étant malade et sans soins, malgré ses plaintes. Elle se plaignait surtout d'avoir les reins cassés. Malgré cela, on lui faisait encore faire des jours après son travail de la boulangerie.

Du travail avant tout

Abbé Dedun, aumônier du Bon Pasteur. — C'était une véritable ruche, où on ne gardait que les bonnes ouvrières. Je sais pertinemment qu'une fille venant de Metz, et qui était entrée au Bon Pasteur pour échapper à la prostitution, qui avait été acceptée quoique étrangère, a été renvoyée six semaines ou deux mois après, sous le prétexte qu'elle était étrangère, en réalité parce qu'elle n'était pas *bonne ouvrière*. Elle a été renvoyée nu-tête comme elle était entrée. — Tous ces faits me faisaient horriblement souffrir.

Mme Régnier Hobelingre. — On travaillait beaucoup, et on n'était considéré que selon son travail. Au dortoir, j'avais la veilleuse au-dessus de mon lit, et j'en profitais très souvent pour travailler.

D'autres compagnes faisaient de même. Quelques-unes décrochaient la veilleuse et se mettaient en cercle pour travailler. — Souvent on attendait l'aurore pour faire des « mystiques ». On travaillait aussi aux repas, entre la soupe et les légumes. Je répète : on n'était pas forcé ; mais on donnait à entendre qu'il fallait l'ouvrage et qu'il fallait s'arranger pour le faire.

Mère Irénée. Mère du Mont-Carmel

L'aumônier Dedun déclare :

« La mère supérieure Saint-Irénée était un véritable pacha. La mère du Mont-Carmel était son bras droit. »

Mme Régnier Hobelingre ajoute :

« Les autres religieuses et l'aumônier (Bersaulx) étaient très bons pour moi. Mais la mère du Mont-Carmel était un bourreau. Je lui ai dit moi-même, un jour, ma pensée, en disant que je ne respectais que son habit. Quand on allait voir la mère du Mont-Carmel, on se mettait à genoux et l'on baisait la terre. On restait à genoux pendant le temps de la conversation et on baisait la terre en s'en retournant. Cela s'appelait entrer en direction.

Lard doré. Soupe aux cafards, etc.

Mme Régnier-Hobelingre dit encore :

« J'ai été serveuse au réfectoire, et je tiens à donner des détails sur la nourriture. Elle n'était pas propre. Un jour, j'ai vu retirer un linge ou mouchoir de la soupe. Un autre jour un morceau de houille. Un autre jour, on a mangé de la soupe aux cafards : on les a mis sur une assiette et on les a montrés à la mère du Mont-Carmel, qui a dit : « Pourvu que l'aumônier ne le sache pas! » Il l'a su tout de même. C'était notre seul consolateur. On nous donnait du lard doré. C'est ainsi que l'avait baptisé l'aumônier Bersaulx, un jour que les pensionnaires s'en plaignaient, et ce, à cause de la couleur due à son ancienneté. On n'avait pas à manger à sa faim, *en ce sens que la nourriture étant peu substantielle, on avait faim deux ou trois heures après le repas.* Il n'y avait que les bonnes ouvrières qui avaient le droit de reprendre du pain à table; on n'en repassait du reste qu'à midi, et pas le soir. — Les punitions consistaient à se mettre à genoux, les bras en croix, à baiser la terre, à avoir le bonnet de nuit, à être habillée en « Margot », c'est-à-dire les habits retournés, et à n'avoir que le fond des bassines au réfectoire, *ce qui était insuffisant pour la faim.* »

Avec les variantes de détails et de formes, toutes les dépositions se ressemblent, au fond, et sont unanimes sur ce point.

Celle-ci est plus révoltante que les autres :

Mlle J. Marchal. — Quand nous refusions un aliment, on nous le représentait quelques jours de suite jusqu'à ce que nous le mangions... Deux de mes compagnes, Francine et Jeanne, étaient forcées de manger des aliments qu'elles ne pouvaient pas supporter. Je me souviens d'avoir vu l'une d'entre elles à genoux dans le réfectoire à côté d'une soupe au potiron ; elle rendait ce qu'elle avait mangé et, malgré cela, elle s'efforçait de recommencer à manger parce qu'on la menaçait de lui enlever son cordon d'enfant de Marie. »

Naturellement, à un tel régime, les santés les plus solides ne résistaient pas longtemps. Les maladies d'estomac venaient, puis l'anémie, l'épuisement, l'ophtalmie, la phtisie, la mort.

Solange

Plusieurs témoins ont raconté la fin douloureuse de l'une des martyres de la Mère du Mont-Carmel. Voici le récit de Mme Régnier Hobelingre :

« J'ai connu Solange. Elle était malade depuis longtemps ; elle toussait caverneux comme un tonneau ; ses chevilles étaient tellement enflées qu'elle ne pouvait marcher ; elle ne mangeait plus. Cependant elle restait avec nous, et on la faisait travailler comme les autres. Un certain jour qu'elle n'avait pas terminé son ouvrage, la veille de sa mort, elle a demandé à aller se coucher. La sœur du Mont-Carmel lui a répondu qu'elle n'avait pas fait sa tâche et qu'elle n'irait pas se coucher. Toute la classe a murmuré. La religieuse a dit : « On dirait des chiens qui grognent ! » Solange est morte la nuit suivante. J'avais été punie la veille (on m'avait fait mettre à genoux et baiser la terre) parce que j'avais donné le bras à Solange à la récréation. »

C'est un péché de se laver

Que dites-vous de ceci ?

Mme Hamant. — Nous n'avions pas de cuvettes ni de savon. On se lavait au-dessus de son vase de nuit et on s'essuyait après un torchon qui durait quelquefois trois semaines. Du linge de corps, on en avait quand cela plaisait aux religieuses : on conservait la même chemise quelquefois 10 à 12 jours. On ne faisait jamais la toilette complète. J'ai même été punie pour l'avoir essayé. C'était un péché de se laver, disaient les religieuses. »

Il y a vingt témoignages de ce genre :

En voici un autre :

Mlle Genet. — A certaines époques, on avait un jupon tout rapiécé que l'on devait garder 3 mois dans son lit »

Séquestrées

L'évêque de Nancy avait dit :

« Et qui donc va si souvent aux parloirs du Bon-Pasteur ? Il est des personnes très honnêtes, appartenant aux préservées, qui ont passé 5 ans, 10 ans et plus dans cette maison, sans pouvoir communiquer en aucune façon avec leur famille. A leur prière, formulée avec larmes, pour savoir si quelqu'un de leur famille avait demandé à les voir, on répondait négativement, contre la vérité. Et à cette demande : *Dites-moi au moins si quelqu'un de ma famille existe encore*, on ne faisait aucune réponse, pas plus qu'on n'en faisait à leurs sollicitations cent fois, mille fois répétées, pour sortir de la maison. »

Mme Régnier-Hobelingre, dont la déposition sur tous les points est d'une rare précision, raconte ceci :

« Plusieurs fois mes parents sont venus me voir sans qu'on m'en ait donné connaissance. A ma majorité, le 2 mars 1892, j'ai voulu sortir de l'établissement, on m'en a empêchée. On a intercepté mes lettres à mon tuteur, ainsi que les siennes à moi-même. L'aumônier m'a alors donné le conseil de m'adresser à la mère du Mont-Carmel, en invoquant ma majorité pour sortir, ce que j'ai fait. Elle m'a dit alors d'écrire à mon oncle et tuteur. J'ai écrit, ma lettre n'est pas parvenue. Mon oncle, de son côté, m'avait écrit à ma majorité pour savoir ce que je voulais faire. Mais je n'ai pas reçu sa lettre. Sur mes supplications, plusieurs fois réitérées, la mère du Mont-Carmel me répondait toujours : « Patientez jusqu'à ce que nous ayons une réponse ». Un soir que je la priai plus instamment de me laisser sortir, elle me dit : « Un jour, j'ouvrirai la barrière à deux battants, c'est quand vous sortirez les pieds en avant », ajoutant : « Vous comprenez ce que cela veut dire ? » Alors, j'ai répondu : « C'est quand je serai dans mon cercueil. J'aime autant mourir, mais je ne veux pas rester ici. »

Et Mme Lazarus :

« Je suis entrée au Bon-Pasteur à l'âge de 10 ans. C'est mon père qui m'y a placée pour se débarrasser de moi. J'y suis restée huit ans. Un jour qu'on nous conduisait aux Dominicains, je me suis enfuie momentanément. J'ai été trouver ma grand'mère qui demeure sur la place du Marché pour la prier de venir me retirer du couvent. Mon absence a été remarquée et j'ai été punie. Pendant huit jours, la mère du Mont-Carmel m'a fait porter des habits dégoûtants et mon bonnet ainsi que ma robe à l'envers. Ma grand'mère m'a tout de même retirée du couvent à la fin du mois. J'ai dû agir ainsi parce qu'au parloir je n'aurais jamais osé dire à mes parents de me retirer. La mère du Mont-Carmel assistait à nos entretiens et j'en avais grand' peur. A l'époque de ma première communion, ma grand'mère est venue me chercher pour aller voir ma mère qui était bien malade à Paris. La mère du Mont-Carmel s'est opposée à ma sortie en disant qu'elle pensait bien que je serais religieuse un jour. »

Faussaires

L'évêque de Nancy avait affirmé à la Sacrée Congrégation des Evêques et Réguliers que la supérieure du Bon-Pasteur avait pour habitude de dire le contraire de la vérité. Il était donc tout naturel que les religieuses n'eussent aucun scrupule de se mettre des faux sur la conscience.

Mlle Mélanie Laurent, dont nous avons parlé dès le début, est sortie du Bon-Pasteur, après vingt-deux ans de séquestration, sans savoir lire ni écrire. Or, sa sœur, Mme Vigourel, qui habite Paris, avait reçu beaucoup de lettres, tantôt rassurantes, tantôt inquiétantes, signées *Mélanie Laurent.*

Toutes ces lettres étaient des faux.

On débaptise ; on rebaptise

L'une des plus grandes difficultés pour les enquêteurs avait été de retrouver les anciennes pensionnaires du Bon-Pasteur. Rentrées dans le monde, elles avaient repris leurs noms de famille qu'elles avaient quittés, en entrant au couvent, et que pas une de leurs compagnes, en général, ne connaissait. Les bonnes sœurs, on le comprend, voyaient à cela de nombreux avantages.

Mlle Genet a déclaré :

« On m'appelait au couvent Anastasie, et j'étais dans la grande classe avec Maria Lecoanet, qu'on appelait Henriette.

Et *l'évêque de Nancy* avait dit :

« Pour que cet isolement des pensionnaires du Bon-Pasteur soit plus complet, il est interdit, du moins à Nancy, de prononcer jamais les noms de famille, et tous les noms de baptême sont changés. »

Le Bon Pasteur encaisse tout

Il est inutile d'insister sur ce point. Tous les témoignages s'accordent.

Les bonnes sœurs faisaient beaucoup travailler; le travail produisait de beaux bénéfices, mais pas pour les travailleuses, pas pour les orphelines qui n'en voyaient pas un sou, jamais.

Généralisant, alors, et considérant que ce qui se passait à Nancy se passait dans tous les établissements de la Congrégation, M° Prévost a calculé le bénéfice minimum du Bon-Pasteur. Et il est arrivé au chiffre de *quinze millions* par an, *cent cinquante millions* en dix ans, ce qui est assurément au-dessous de la vérité.

A l'expertise médicale sur l'état de Mlle Lecoanet, à la contre-enquête, à la plaidoirie de l'avocat du Bon Pasteur et au réquisitoire du Procureur général, M. Saint-Aubin, nous ne nous arrêterons pas.

Quant à l'arrêt de la Cour, il est la confirmation officielle des accusations; il est une réparation publique, quoique tardive, faite au nom de la justice, non seulement à Mlle Lecoanet, mais, en sa personne, à toutes les victimes du Bon-Pasteur; le voici, en sa teneur intégrale :

Arrêt rendu par la **Cour d'Appel de Nancy**
(Première chambre)

Le samedi 28 février 1903.

M. Sadoul, 1er président. — M. Saint-Aubin, procureur général.

Entre : Maria Lecoanet, demeurant à Paris, appelante, représentée par Me E. Prévost, avocat du barreau de Paris, et Me Martin Dugard, avoué à Nancy, et la Congrégation du Bon-Pasteur, intimée, représentée par Me Mengin, avocat, et Me Gircourt, avoué.

La Cour,

Attendu que, par arrêt de cette Cour, en date du 13 juillet 1901, Maria Lecoanet a été admise à prouver, tant par titres que par témoins, des faits de diverses natures qui ont été déclarés pertinents et admissibles et qu'il importe tout d'abord de rappeler, en les résumant en quatre points principaux :

Qu'elle a articulé :

1° Qu'entrée au Bon-Pasteur en 1871, elle en était sortie une première fois en 1877, anémiée et malade, au point de ne plus pouvoir travailler et que, quand sa santé a été suffisamment rétablie, la mère du Mont-Carmel usa de ruse pour reprendre cette excellente et avantageuse ouvrière en lui promettant des soins qui ne lui ont pas été donnés après sa rentrée au Bon-Pasteur ;

2° Qu'elle a été véritablement séquestrée, sans pouvoir communiquer avec sa famille, ses lettres étant interceptées et les conversations au parloir n'ayant lieu qu'à travers une grille et en présence de la mère du Mont-Carmel, particulièrement redoutée des pensionnaires, et que, dans ces conditions, elle a multiplié en vain ses efforts pour sortir ; qu'elle n'a pu prévenir sa famille que grâce à la connivence de l'aumônier qui, pris de compassion, se chargea de faire parvenir, en secret, une lettre à sa sœur ;

3° Qu'elle a été soumise, pendant son séjour au Bon-Pasteur, à un travail excessif, dépassant de beaucoup, par sa durée, les heures prévues, depuis, par la loi ; qu'elle a été particulièrement occupée à des ouvrages de broderie très délicats, à faire des « jours » et que sa vue s'altéra tellement qu'elle a été chargée d'autres travaux ;

4° Qu'elle a dû subir, en outre, un régime de privations, n'ayant qu'une nourriture insuffisante et mauvaise ; qu'elle a été gravement atteinte d'anémie ; que, visitée par un médecin, les fortifiants prescrits par lui ne lui ont pas été donnés ;

Que la Cour, par le même arrêt, a commis trois médecins experts pour examiner la demoiselle Lecoanet et constater l'état actuel de sa vue et pour dire si le travail de près et spécialement le travail des « jours » dans le linge blanc a pu déterminer les accidents visuels qui seraient constatés ; qu'ils ont été, en outre, chargés de rechercher si elle n'avait pas été astreinte à un travail excessif, surtout en raison des conditions hygiéniques dans lesquelles elle s'était trouvée et quels pouvaient être les effets de ce travail relativement à la vue de l'appelante.

Attendu qu'en exécution de l'arrêt précité, il a été procédé, à Nancy et à Paris, aux enquêtes prescrites, à la contre-enquête demandée par la Congrégation du Bon-Pasteur et à l'expertise ordonnée ;

Qu'il échet d'examiner ces enquêtes et cette expertise et de rechercher si Mlle Lecoanet a fait la preuve qui lui incombait.

Sur les enquêtes

En ce qui concerne les faits résumés sous le n° 1 :

Attendu qu'il est établi par les témoignages recueillis que Maria Lecoanet, orpheline de père et de mère, a été placée à l'établissement du Bon-Pasteur, à Nancy, en 1871, par les soins d'une de ses tantes et d'une sœur aînée ; qu'elle fut aussitôt chargée de travaux délicats de broderie, et spécialement des « jours » dans le linge fin ; qu'elle ne tarda pas à devenir une ouvrière habile, à tel point qu'au bout de six mois, une de ses maîtresses d'atelier lui déclara qu'elle était en situation de pouvoir gagner sa vie; qu'elle travailla avec une assiduité exemplaire, mais qu'au bout d'un certain temps, sa santé, excellente à son arrivée, périclita peu à peu par l'effet du régime auquel elle était astreinte, jusqu'au moment où elle dut cesser tout travail ; qu'une anémie profonde était venue à bout de ses forces et de sa volonté ; que, réclamée par sa sœur, elle quitta le couvent au commencement de janvier 1877 ; qu'ayant reçu les soins nécessaires et grâce à une nourriture plus substantielle, elle recouvra une santé qui était tellement délabrée qu'on avait cru qu'elle était phtisique; que, trois mois plus tard, elle quitta le domicile de sa sœur pour se rendre chez sa tante et rentrer ensuite au couvent du Bon-Pasteur, en juillet de la même année (2e, 5e, 6e témoins. Enquête Nancy. 20e, 22e témoins. Enquête Paris) ;

Attendu qu'aucun des témoins entendus dans l'enquête n'a fait connaître ni les conditions dans lesquelles cette rentrée s'est opérée, ni les motifs qui ont pu la déterminer ; qu'il n'est nullement démontré que la mère du Mont-Carmel ait employé la ruse ou des artifices quelconques pour reprendre son ancienne pensionnaire et influencer sa volonté ; qu'il s'ensuit que le fait qui a été articulé par elle à cet égard n'est point prouvé et doit, par conséquent, être écarté comme non justifié ;

Attendu toutefois que cette circonstance ne saurait faire échec à la demande car, comme le dit l'arrêt qui a ordonné l'enquête, et en admettant que la rentrée de Maria Lecoanet ait été libre et spontanée, une telle attitude de sa part ne saurait couvrir les graves abus dont elle se plaint et éteindre la responsabilité qui en découle. Qu'il faut retenir, en effet, que, sans asile, sans soutien et hors d'état de subvenir à son entretien par la raison qu'aucun métier ne lui avait été appris, elle a pu, dominée par la nécessité, préférer l'existence du Bon-Pasteur à la misère qui la menaçait sans que sa rentrée en 1877 soit en contradiction avec ses imputations actuelles ; qu'il résulte, d'ailleurs, de l'enquête, que ce n'est pas spontanément qu'elle a repris le chemin du couvent ; que sa sœur dépose, en effet, que pendant son séjour chez elle on lui écrivait souvent du Bon-Pasteur (5e témoin, enquête Nancy). Qu'un autre témoin, Mlle Genet, déclare « ...qu'au bout d'un certain temps les sœurs lui écrivirent de revenir faire sa convalescence à la maison et qu'elle y revint en effet très bien portante (16e témoin, enquête Paris). Que la demoiselle Fort fait connaître que la sœur du Mont-Carmel lui a dit, en présence de ses compagnes, qu'elle avait envoyé une lettre pour la faire revenir et qu'elle est revenue en très bonne santé, à leur grand étonnement à toutes (20e témoin, enquête Paris); que les 21e et 22e témoins de la même enquête confirment ces dépositions, la première en disant que la mère du Mont-Carmel a fait tout ce qu'elle a pu pour la faire rentrer, la deuxième en répétant que dès son retour Maria Lecoanet lui avait parlé de l'intervention de cette religieuse ; qu'il est donc acquis que le couvent a tenu à recouvrer cette excellente ouvrière et n'a rien négligé pour qu'elle consentît à reprendre sa place dans l'atelier ; que si les manœuvres dolosives, qui seules pouvaient engager sur ce point la responsabilité de la Congrégation, n'ont pas été prouvées, il est certain néanmoins que le retour, en 1887, de Maria Lecoanet au Bon-Pasteur est loin d'avoir la portée qui lui a été attribuée par ses adversaires au procès.

En ce qui concerne les faits résumés sous le n° 2.

Attendu que, s'expliquant sur la partie de l'articulation relative à la séquestration, l'arrêt du 13 juillet 1901 s'exprime ainsi : « Qu'il est constant qu'il n'entre pas dans la pensée de Mlle Lecoanet d'imputer à la Congrégation un crime de séquestration; qu'elle ne se sert évidemment pas de ce mot dans son sens juridique ou pénal, mais dans son sens usuel; qu'elle reproche au Bon-Pasteur de l'avoir empêchée de communiquer avec le dehors pour faire entendre des plaintes à sa famille ou aux représentants de l'autorité et d'avoir, en ce qui la concerne, commis un abus dans l'application des règles monastiques de claustration vis-à-vis d'une pensionnaire de l'établissement ;

Attendu que, dans ces limites admises par un arrêt ayant acquis l'autorité de la chose jugée, les faits articulés sous ce rapport par la demoiselle Lecoanet ont été péremptoirement établis par les enquêtes ; .

Qu'il a été, en effet, prouvé par de nombreux témoignages que les pensionnaires ne pouvaient communiquer avec leur famille qu'avec les plus

grandes difficultés; que si, en écrivant à leurs
parents, elles formulaient la moindre plainte sur
le régime du couvent, ou manifestaient le désir de le
quitter, les lettres étaient interceptées; que la liberté de communiquer verbalement avec leurs parents
au parloir n'existait point ou était purement illu-
soire; qu'elles ne pouvaient leur parler qu'à travers
une grille et en présence d'une religieuse qui sur-
veillait toutes les paroles qu'elles prononçaient
quand elle les laissait prendre part à la conversation qu'elle-même dirigeait à son gré (20e témoin,
enquête Nancy); que le plus souvent, cette religieuse était la mère du Mont-Carmel, qui inspirait
aux recluses tremblantes devant elle une véritable
terreur (17e témoin, enquête Nancy). Que cette
rigueur s'exerçait surtout pour les bonnes ouvrières; que l'aumônier du couvent (3e témoin, enquête
Nancy) ne laisse dans sa déposition subsister
aucun doute à cet égard : « Il est exact, affirmait-il,
comme le dit le n° 1 de l'articulation, que les pensionnaires sont cloîtrées », et il décrit dans quelles
conditions respectives et insuffisantes les commu-
nications avec les parents pouvaient avoir lieu,
confirmant ainsi les nombreuses déclarations recueillies par l'enquête; que la dame Régnier (10e
témoin, enquête Nancy) notamment fait connaître
tous les obstacles qu'on a opposés à son désir de
quitter le couvent en disant : « Plusieurs fois mes
« parents sont venus me voir sans qu'on m'en ait
« donné connaissance. A ma majorité, j'ai voulu
« sortir de l'établissement, on m'en a empêchée ;
« on a intercepté mes lettres à mon tuteur, ainsi
« que des siennes à ma mère. L'aumônier m'a

« donné le conseil de m'adresser à la mère du
« Mont-Carmel en invoquant ma majorité pour sor-
« tir, ce que j'ai fait. Elle m'a dit alors d'écrire à
« mon oncle et tuteur; j'ai écrit, mais ma lettre
« n'est pas parvenue. Mon oncle, de son côté,
« m'avait écrit à ma majorité pour savoir ce que je
« voulais faire, mais je n'ai pas reçu sa lettre, etc..»
(17). Qu'une autre pensionnaire ayant été réclamée
par sa sœur à sa majorité, il a été inexactement
répondu à celle-ci que la jeune fille était malade et
qu'elle ne pouvait quitter la maison ;

Qu'en ce qui concerne la demoiselle Lecoanet
spécialement, les témoignages sont des plus formels; qu'ils apprennent que malade, presque
aveugle, elle voulait à tout prix quitter le monastère; que tous les efforts furent tentés pour la retenir, la mère du Mont-Carmel lui disant qu'elle serait
damnée si elle s'en allait (21° témoin, enquête Paris). Que toutes ses lettres ont été interceptées et
qu'enfin lassée d'écrire inutilement pendant quatre
ou cinq ans, elle a fini par apitoyer l'aumônier,
l'abbé Bersault, qui reçut la lettre que la jeune fille
lui fit passer en se confessant par dessous la grille
de la chapelle et la fit parvenir à sa sœur, qui vint
chercher la malade (2° témoin, enquête Nancy ; 10°
16,° 20° 21°, 22° témoins, enquête Paris).

Qu'il est, en conséquence, établi que, contrairement à sa volonté, Mlle Lecoanet a été retenue au
couvent pendant plusieurs années, alors que sa
maladie s'aggravait; qu'une véritable contrainte
physique a été employée vis-à-vis d'elle et que ce
n'est que grâce à un subterfuge qu'elle a pu vain-

cre la résistance qui lui était opposée; qu'une contrainte morale a été également exercée sur elle pour empêcher son départ; qu'il est certain que la mère du Mont-Carmel a usé de toute son autorité sur sa nature douce et impressionnable, faisant appel à ses sentiments religieux pour arriver aux fins qu'elle s'était proposées et conserver une ouvrière qui, en cas de retour à la santé, aurait continué à fournir au couvent un travail particulièrement producteur; que c'était la conséquence du système qui faisait dire à l'aumônier, l'abbé Dedun, en parlant du Bon-Pasteur : « C'était une « véritable ruche, où on ne gardait que les bonnes « ouvrières. »

Qu'il y a lieu de remarquer que cette claustration manifestement abusive ne s'adressait pas à des mineures dont il fallait faire l'éducation ou à des filles indisciplinées, flétries par leur passé, mais à des femmes qui avaient atteint, et au delà, l'âge de la majorité et qui, venues volontairement, auraient dû être libres de rentrer dans le monde dès qu'elles en avaient manifesté l'intention; qu'il est hors de doute que, pour cette partie de l'articulation, une preuve décisive a été faite par la demoiselle Lecoanet.

En ce qui concerne les faits résumés sous le n° 3 :

Attendu qu'il résulte des enquêtes que, pendant toute la durée de son long séjour au Bon-Pasteur, Maria Lecoanet a été spécialement occupée à des

travaux de broderie délicats et difficiles ; que, notamment, elle faisait des « jours » compliqués dans
de la batiste très fine ou dans de la soie ; que, souvent, sa besogne consistait à tirer des fils dans du
linge blanc (2e, 8e, 16e, 18e, 20e témoins. Enquête
Nancy. 10e, 11e 16e, 20e témoins. Enquête Paris) ,

Qu'il est établi, d'un autre côté, que la durée quotidienne de ce travail dans des salles basses et
manquant d'aération (Déposition de l'abbé Barbier, 6e témoin, contre-enquête), était véritablement excessive ; que, suivant la saison, le lever
avait lieu à quatre heures et demie ou à cinq heures
du matin, et le coucher à huit heures et demie ou
à neuf heures du soir ; que, pendant les moments
de presse, et ils étaient fréquents, on faisait veiller, quelquefois, jusqu'à onze heures ou minuit
(Déposition abbé Dedun, 3e témoin. Enquête
Nancy);

Que ces longues heures pendant lesquelles les
pensionnaires étaient attachées à leur tâche étaient
à peine coupées par les moments des repas et de
trop courtes récréations, de sorte que, chaque jour,
le travail durait plus de 12 à 13 heures et allait, suivant les circonstances, jusqu'à 15 heures ; qu'à
côté de ce labeur normal, quoique exagéré, certaines pensionnaires, et en particulier Mlle Lecoanet,
faisaient des travaux supplémentaires dits « mystiques » qui, s'ils n'étaient pas imposés par la règle, n'en étaient pas moins moralement obligatoires, d'après les témoignages recueillis; que leur
produit était destiné à faire des cadeaux, quelquefois en espèces, à la supérieure (Déposition abbé

Dedun) ou des cadeaux à la mère du Mont-Carmel,
ou à d'autres religieuses ; qu'on les effectuait soit
pendant les récréations et même les repas, soit au
dortoir, de grand matin ou à la lueur d'une veilleuse; que quelques-unes des pensionnaires attendaient sur leur lit la venue du jour pour enfiler
leur aiguille (16ᵉ témoin. Enquête Paris) ; qu'une
sorte d'émulation existait entre elles pour donner
satisfaction, sous ce rapport, à leur maîtresse et
que celles qui s'en seraient abstenues auraient été
mal vues et auraient eu l'existence particulièrement difficile ; que cette coutume abusive était encouragée par les religieuses, car c'était sur les conseils de la Mère chargée de l'atelier qu'à l'occasion
d'une fête quelconque, ces travaux mystiques
étaient effectués pour le plus grand bien de la
communauté (2ᵉ, 3ᵉ, 4ᵉ, 8ᵉ, 10ᵉ, 15ᵉ, 16ᵉ témoins. Enquête Nancy. 3ᵉ, 10ᵉ, 16ᵉ, 21ᵉ, 22ᵉ témoins. Enquête
Paris); qu'il y a donc eu excès en ce qui concerne
le travail ordinaire exigé de Maria Lecoanet et de
ses compagnes, abus en ce qui concerne la pratique des travaux supplémentaires à laquelle, par
une pression morale indéniable, elles étaient obligées de se soumettre; qu'ainsi se trouvent justifiées
les protestations indignées de l'évêque de Nancy
qui, dans un document versé aux débats et discuté
par les parties, a écrit : « J'ai dit et je répète qu'il
« n'y a pas dans tout ce pays un chef d'atelier im-
« pie qui exploite ainsi ses ouvriers et ouvrières
« et qui les traite comme ces religieuses traitent
« les jeunes filles qu'elles prétendent recevoir par
« charité »; qu'ainsi se trouve confirmée également
l'appréciation de feu l'évêque de Grenoble qui,

dans le même document, constate combien les évêques avaient de peine à empêcher les sœurs « de « commettre des dénis de justice envers les. per- « sonnes qu'elles emploient et cela pour envoyer « à leur maison mère, qui la leur impose, une « quotité plus grande chaque année »;

Attendu qu'il est constant qu'après des années d'un pareil régime, la vue de Maria Lecoanet, ex- cellente à son entrée au couvent, s'est considéra- blement affaiblie et altérée; que la dame André (10e témoin. Enquête Paris) s'exprime ainsi à ce sujet : « Maria Lecoanet a commencé à avoir mal « aux yeux à l'occasion d'une nappe d'autel qu'elle « faisait; elle se levait de bien meilleure heure que « nous autres; elle faisait des petits carreaux de « dessins, c'était tout ce qu'il y avait de plus fin; « elle se plaignait de souffrir des yeux; ses cama- « rades voyaient bien que c'était vrai; malgré cela, « on la força de continuer cet ouvrage; pendant la « maladie d'yeux de Mlle Lecoanet, nous l'aidions « dans son travail, nous lui avons fait des ourlets « pour qu'elle ne soit pas grondée des sœurs »; qu'un autre témoin (8° témoin. Enquête Nancy), dit, de son côté : « Je déclare que sa vue a baissé « au point qu'elle ne pouvait se conduire, en 1886 « ou 1887. J'attribue cet affaiblissement de sa vue « aux travaux très difficiles qu'on nous faisait « faire, c'est-à-dire à des « jours » très compliqués « dans de la batiste très fine »; qu'un certain nom- bre de pensionnaires entendues dans l'enquête ont toutes confirmé l'exactitude de ces dépositions (2°,

16e, 18e, 20e témoins. Enquête Nancy. 10e, 11e, 16e, 20e témoins. Enquête Paris);

Qu'en dépit de cet état maladif, la demoiselle Lecoanet, qui était une des meilleures ouvrières, a continué à s'occuper de broderie pour préparer les ouvrages qui devaient figurer à l'Exposition de 1889 et y remporter une récompense pour le couvent du Bon-Pasteur; que, longtemps, ses plaintes n'ont pas été écoutées, jusqu'au moment où, menacée de cécité, elle demanda et obtint à force d'insistance d'être employée à la couture, puis ensuite aux travaux du ménage; que, dans les derniers temps de son séjour au Bon-Pasteur, elle portait souvent un bandeau sur ses yeux qui étaient tellement malades, qu'elle paraissait ne plus voir clair et qu'on était dans l'obligation de la conduire quand elle allait à la chapelle (16e et 20e témoins. Enquête Nancy); que, malgré la gravité de l'affection dont elle était atteinte, elle n'a jamais reçu les soins d'un oculiste et que, examinée par le médecin ordinaire du couvent, on ne lui a pas administré les médicaments que ce praticien avait ordonnés (11e, 22e témoins. Enquête Paris; 16e, 20e témoins. Enquête Nancy); que les enquêtes ont ainsi démontré la complète exactitude de l'articulation de la demoiselle Lecoanet visant les excès de travail qu'elle a dû subir au Bon-Pasteur et la maladie d'yeux qui en a été la conséquence;

En ce qui concerne les faits résumés sous le n° 4:

Attendu que les témoignages reçus par les magistrats enquêteurs démontrent le bien fondé des plaintes de Maria Lecoanet, relativement au régime qui lui a été imposé et à l'insuffisance de la nourriture qui lui a été donnée pendant les dix-sept années qu'elle a passées au couvent du Bon-Pasteur; que la plupart des témoins affirment que la nourriture, parcimonieusement distribuée, n'était nullement en rapport avec la somme de travail à laquelle l'appelante a été astreinte pendant un si long temps; que les aliments, consistant en soupes et en légumes principalement, étaient par eux-mêmes peu substantiels; que leur préparation était souvent si défectueuse et d'une telle malpropreté qu'ils soulevaient une invincible répugnance; qu'à diverses reprises des corps étrangers ont été trouvés parmi eux, montrant la négligence malsaine qu'un défaut absolu de surveillance avait amenée; que le pain était seul d'assez bonne qualité, mais qu'il n'y avait que les bonnes ouvrières qui avaient le droit d'en reprendre à table; qu'on n'en repassait du reste qu'au repas de midi et non à celui du soir 10e, 14e, 15e, 19e, 20e, 21e témoins. Enquête Nancy, 11e, 21e témoins. Enquête Paris);

Attendu que sous le rapport de l'hygiène et des soins de propreté, la situation de Maria Lecoanet et de ses compagnes était plus mauvaise encore; qu'il suffira de rappeler les indications que donnent à cet égard les 11e et 16e témoins. Enquête de Paris; les 18e, 19e témoins. Enquête de Nancy), qui disent: «Nous n'avions ni savon, ni cuvette pour nous laver; il fallait mouiller un linge que nous tenions pour cela au-dessus de notre vase de nuit; nous n'avions de linge propre que tous les quinze jours

et quelquefois toutes les trois semaines en hiver. »
Que ces dires sont confirmés par d'autres témoignages qui montrent jusqu'où pouvait aller l'oubli
des règles les plus élémentaires de l'hygiène et de
la plus vulgaire propreté; qu'il n'est pas surpre-
nant que, soumise à un pareil régime, alors que
ses forces usées par un travail fatigant et presque
continu ne pouvaient être réparées par une alimentation mauvaise et insuffisante, Maria Lecoanet
indûment classée dans la catégorie des pénitentes,
soit tombée dans un état de profonde anémie, que
toutes ses compagnes ont remarqué que, visitée
par le médecin, des fortifiants lui ont été prescrits
sans qu'ils lui aient été donnés; que cette omission
était d'ailleurs dans les habitudes de la maison
(16e et 20e témoins. Enquête Nancy; 11e témoin. Enquête Paris);

Attendu qu'après de longues souffrances aggra-
vées par le manque de soins, Maria Lecoanet, retenue au monastère contre sa volonté et ne pouvant faire appel à sa famille, chercha longtemps le
moyen de se soustraire à sa pénible situation;
qu'elle finit par s'adresser à la compassion de l'aumônier qui, ainsi qu'il a été dit, se chargea d'une
lettre pour la sœur de la recluse, la dame Beau-
doin, qui habitait Paris; que celle-ci se mit aussitôt
en rapport avec la supérieure et obtint que sa pa-
rente lui fût rendue; que Maria Lecoanet, conduite
à la gare, reçut des mains d'une religieuse un billet
de chemin de fer qui lui permit de se rendre à
Paris où elle arriva sans argent et dénuée de tout
(2e, 5e et 6e témoins de l'enquête);

Attendu qu'il résulte de tout ce qui précède que l'appelante a entièrement prouvé les faits qu'elle avait articulés et qui sont résumés sous le n° 4;

Sur l'expertise médicale

Attendu que l'arrêt du 13 juillet 1901 a ordonné, sur les conclusions prises par l'appelante, qu'elle serait visitée par trois experts oculistes à l'effet de reconnaître quel était l'état actuel de sa vue et de dire si le travail de près et spécialement le travail des « jours » dans le linge blanc avait pu déterminer les accidents visuels qui pourraient être constatés, eu égard à la durée quotidienne de ce travail et aux conditions hygiéniques dans lesquelles la demoiselle Lecoanet était placée pour l'effectuer :

Attendu que, tout d'abord, les experts ont cru devoir, usant de la latitude que leur avait conférée à cet égard la décision de la Cour, faire examiner la demoiselle Lecoanet par le docteur Richardière, médecin des hôpitaux, pour rechercher quel pouvait être son état général; qu'il déclare qu'il n'a aperçu chez elle aucun signe de maladie organique ni particulièrement aucune lésion de scrofule ; que tous les organes par lui examinés étaient sains et normaux; qu'à la demande de la congrégation du Bon-Pasteur l'appelante s'est prêtée à un contre-examen pratiqué par un médecin du choix de l'intimée, contre-examen qui a abouti exactement aux mêmes résultats que la visite du docteur Richardière; que, de leur côté, les trois experts oculistes ayant procédé à l'accomplissement de leur mission avec le plus grand soin, ont constaté dans leur rapport qu'ils se sont trouvés en présence d'une myopie et d'une cataracte des yeux; que, selon eux, cette myopie n'est ni pathologique ni progressive; que c'est une myopie acquise, telle que celle qui peut se développer chez les sujets qui se livrent à un travail de près pendant un temps plus ou moins long; que la cataracte est d'un caractère anormal, en raison de sa durée et de l'âge de la malade et de l'absence d'antécédents héréditaires ou d'affections générales; que leurs conclusions portent que la myopie a pu être développée par l'excès de travail de près auquel la demoiselle Lecoanet s'est livrée pendant une longue durée, étant données surtout les conditions défectueuses de toutes sortes dans lesquelles s'accomplissait ce travail; que, quant à la cataracte, elle n'a pu être produite exclusivement par l'excès de travail, mais qu'il est possible que l'état de déchéance organique provoqué par la mauvaise hygiène à laquelle a été soumise la malade, jointe au surmenage physique, ait contribué au développement de cette cataracte ; qu'ainsi les médecins experts admettent la relation de cause à effet entre les excès de travail dont se plaint l'appelante et la double infirmité dont elle est atteinte :

Attendu que la demoiselle Lecoanet a, en conséquence, fait la preuve par les enquêtes des graves abus énumérés dans son articulation et résumés sous les n°s 2, 3 et 4; que ces abus constituent des fautes lourdes à la charge de la congrégation du Bon-Pasteur ; que, d'un autre côté, l'appelante a

démontré, tant par les enquêtes que par l'expertise, que ces fautes lui ont occasionné un préjudice
dont, aux termes de l'article 1382 du Code civil,
ladite congrégation lui doit réparation.

Sur la réparation du préjudice

Attendu que la demoiselle Lecoanet a établi
que les fautes de la congrégation du Bon-Pasteur
lui ont occasionné un dommage matériel et un
dommage moral;

Que les témoignages des enquêtes démontrent
qu'au bout d'un certain temps d'un travail excessif,
elle a été en proie à une profonde anémie qui lui
a causé de vives souffrances, qu'on n'a pas cherché
à soulager; que, d'une autre côté, le travail des
« jours » qui lui a été imposé a compromis sa vue
et déterminé la double affection des yeux que les
experts ont reconnue et constatée; qu'il suffit,
d'ailleurs, de se reporter aux dépositions de certains témoins pour être convaincu de l'état véritablement lamentable dans lequel elle a vécu, dans
les derniers temps de son séjour au Bon-Pasteur,
sans que sa détresse ait excité la compassion de
celles qui avaient le devoir strict de soulager sa
misère; que sa sœur, son beau-frère et son neveu
décrivent dans l'enquête quelle était sa déplorable
situation quand elle leur est revenue à Paris en
1889; qu'elle était presque aveugle, ne se condui-
sant qu'à tâtons et à tel point méconnaissable
qu'ils lui ont adressé la parole à la gare de Paris
sans savoir qui elle était ; qu'elle leur revenait

vêtue de la robe qu'elle portait dix-huit ans auparavant, lors de son entrée au monastère, sans le
moindre trousseau, sans le moindre bagage, sans
la moindre somme d'argent; que des soins longs
et coûteux furent nécessaires, de la part de sa
famille, pour vaincre l'anémie et lui faire recouvrer la santé, partiellement, tout au moins; qu'elle
fut longtemps dans l'impossibilité de se livrer à la
moindre besogne et que ce ne fut qu'après de longs
mois, ayant suivi les traitements ordonnés par des
médecins spécialistes, qu'elle put, non pas reprendre son ancien métier de broderie, mais entrer
comme domestique à tout faire dans une première
maison, où il lui fut impossible de rester, à cause
de sa faiblesse (12e, 13e, 17e, 19e, 14e, 18e témoins.
Enquête Paris); qu'entrée dans une famille irlan-
daise, ses maîtres eurent pitié d'elle, la conservè-
rent en la faisant aider par une autre domestique
et lui firent donner de nouveaux soins; que ce ne
fut qu'après plusieurs années que, grâce au régime réconfortant qu'elle put suivre et aux mé-
nagements dont elle fut l'objet, que sa santé s'amé-
liora et s'affermit ; qu'une lettre de ses derniers
maîtres, jointe à l'enquête et à la procédure, fait
connaître les détails de son existence de souffrances et de faiblesse, en finissant par cette appréciation : « Nous sommes de fervents catholiques...
« Nous avons beaucoup souffert en voyant dans
« quel état une maison religieuse avait mis cette
« malheureuse fille, sans même s'occuper de son
« sort »; qu'une même constatation faisait dire, dans
l'enquête, à l'aumônier, l'abbé Dedun : « Tout
« cela me faisait horriblement souffrir », ajoutant

que des religieuses, qui étaient de saintes filles,
partageaient ce sentiment ;

Sur la contre-enquête

Attendu que les résultats de la contre-enquête
ne détruisent en rien la portée des témoignages
probants et décisifs retenus dans les enquêtes et
qui viennent d'être analysés; qu'il importe de constater en premier lieu que ces derniers témoignages émanent presque tous de personnes qui ont
connu Maria Lecoanet au couvent, où elles avaient
été reçues à titre de pensionnaires, appartenant à
la catégorie dite des préservées; qu'on ne saurait
dès lors prétendre que ces témoins, en raison de
leur passé, ne sont pas dignes de confiance et
qu'elles ont été recherchées dans un milieu impo-
sant le discrédit à leurs déclarations; que toutes
sont des ouvrières gagnant honnêtement leur vie
et dont la parfaite honorabilité n'a pas été un instant contestée par la congrégation intimée ; que
parmi les pensionnaires qui ont déposé dans la
contre-enquête, six font ou ont fait partie de la
section dite des repenties ; que quelques-unes, au
nombre de six également, sont encore au
couvent et n'en sont sorties que pour com-
paraître devant le magistrat enquêteur et y
rentrer aussitôt après avoir été entendues par lui;
que ces circonstances sont évidemment de nature
à infirmer la valeur de leurs déclarations ; qu'il
convient d'ajouter que les dames Doué, Royer,
Thiriet, ne se sont pas trouvées au Bon-Pasteur
en même temps que Maria Lecoanet et que la

dame Hody n'y a séjourné que neuf mois en 1876; elles ne peuvent donc rien dire du régime auquel a été soumise l'appelante surtout pendant la période qui s'est écoulée depuis sa rentrée de 1877 à 1889; qu'un des témoins de la contre-enquête, l'abbé Barbier, supérieur de la communauté de 1873 à 1891, a lui-même déclaré qu'il avait seulement le droit d'interroger les religieuses et la supérieure et de conférer avec elles au parloir, mais qu'il ne pouvait adresser la parole aux pensionnaires; que même, il n'était autorisé que pour des raisons graves à pénétrer dans les locaux qu'elles occupaient; qu'il n'a donc pu être au courant des détails de leur existence et relever lui-même les abus dont elles pouvaient avoir à se plaindre; que l'ecclésiastique qui lui a succédé n'est entré en fonctions qu'en 1891, c'est-à-dire deux ans après le départ de Maria Lecoanet, qu'il n'a pas connue; que sa déclaration ne peut donc avoir aucune influence dans le procès actuel :

Attendu, d'un autre côté, que si la dame Laxenaire a parlé, dans sa déposition, de faits se rapportant au séjour au Bon-Pasteur de la demoiselle Lecoanet, il résulte de sa propre déposition que c'est à l'instigation de la mère du Mont-Carmel qu'elle s'est mise en relations à Paris avec son ancienne compagne pour s'enquérir de l'état actuel de sa santé et renseigner le couvent sur ses faits et gestes; qu'elle a fidèlement rempli la mission dont elle a été chargée, sans en rien révéler à l'intéressée; que, dans ces conditions, la portée de son témoignage se trouve d'autant plus atténuée que

son rôle d'intermédiaire a continué postérieure-
ment à l'introduction de l'instance; que, quant aux
fournisseurs qui ont été entendus, leurs témoignages, qui n'ont du reste pas de rapport direct avec
l'articulation, portent surtout sur la livraison de
marchandises qu'ils font à l'époque actuelle pour
le compte de la communauté; que plusieurs des
autres dépositions se réfèrent à la même époque et
ont comme les premières d'autant moins d'importance qu'il paraît hors de doute que dans ces derniers temps, et surtout depuis l'intervention cou-
rageuse de l'évêque de Nancy, des améliorations
notables se sont introduites au Bon-Pasteur, dont
le régime n'est plus celui auquel Maria Lecoanet
a été astreinte avant 1889;

Attendu, enfin, que certains témoignages de la
contre-enquête tombent de même par les exagéra-
tions des éloges qu'ils contiennent et aussi par
l'inexactitude de certaines de leurs assertions; que
c'est ainsi qu'il y est dit que Maria Lecoanet a souffert surtout en raison des tares constitutionnelles
dont elle était atteinte, alors que des examens mé-
dicaux attentifs ont constaté que son organisme
était absolument sain et qu'elle ne portait aucune-
ment les traces d'affections constitutionnelles ou
héréditaires;

Que toutes ces réserves étant faites quant à la
contre-enquête, il est manifeste que ces données
ne sont nullement de nature à infirmer les témoignages nombreux et précis qui, recueillis dans les
enquêtes, ont péremptoirement démontré l'entière
véracité des dires contenus dans les articulations

de l'appelante, sauf en ce qui concerne sa rentrée au Bon-Pasteur en 1877;

Attendu que ce ne fut que sept ou huit ans après être sortie définitivement du Bon-Pasteur que Maria Lecoanet put reprendre des travaux, non pas de broderie, mais de grosse couture, et à la condition encore d'être secondée par une ouvrière qui l'aide et la guide; qu'il y a donc lieu, pour l'évaluation des dommages-intérêts, de tenir compte de toutes ces causes de préjudice, et notamment de la diminution qu'elle subit dans ses aptitudes au travail et de la perte de salaire qu'elle entraîne avec elle; qu'il convient de retenir aussi qu'ouvrière intelligente et habile, contrainte à un travail au-dessus de ses forces, elle a rapporté au Bon-Pasteur, pendant plus de dix-sept ans, de larges bénéfices dont le maigre entretien qui lui a été fourni a été loin de pouvoir être la compensation; qu'on peut dire qu'en agissant ainsi le Bon-Pasteur a méconnu la règle primordiale de ses statuts, qui portent ces mots : « La congrégation a pour but le soin des pauvres »;

Qu'enfin, le préjudice moral qu'a subi Maria Lecoanet réside dans ses longues souffrances, dans la résistance opposée à la volonté maintes fois exprimée par elle de quitter le couvent, dans sa claustration involontaire, et dans la privation de toute communication avec sa famille, à laquelle elle avait fait en vain un suprême appel ;

Attendu que la Cour possède des éléments d'appréciation suffisants pour fixer la somme de dommages-intérêts qui doit être allouée;

6.

Par ces motifs :

Statuant en exécution de l'arrêt du 13 juillet 1901 et en tant que de besoin par voie d'évocation;

Dit que la demoiselle Lecoanet n'a pas fait la preuve que, lors de sa rentrée au couvent, en 1877, elle y avait été attirée par ruse ou par l'effet de manœuvres dolosives;

Dit, au contraire, qu'elle a fait complètement la preuve de tous les autres faits par elle articulés et qui sont résumés sous les nos 2, 3 et 4 ci-dessus indiqués;

Dit que ces faits constituent des fautes ayant occasionné un préjudice dont la congrégation du Bon-Pasteur doit la réparation, suivant les dispositions de l'article 1382 du Code civil;

En conséquence, et pour la réparation de ce préjudice, condamne la congrégation du Bon-Pasteur à payer à la demoiselle Maria Lecoanet une somme de dix mille francs à titre de dommages-intérêts, avec les intérêts au taux légal à partir du jour de la demande;

Condamne en outre ladite congrégation en tous les dépens de première instance et d'appel, dans lesquels seront compris les frais d'enquêtes et d'expertise, et, en outre, au besoin, à titre de supplément de dommages-intérêts, le coût des autographies et imprimés nécessités par l'instruction du procès devant la Cour et tous droits fiscaux perçus ou à percevoir à l'occasion de l'instance.

Ainsi jugé.....

A la suite de cet arrêt, un décret du Président de

la République a enfin ordonné la fermeture du Bon-Pasteur de Nancy.

Ce ne peut être là qu'un commencement. M. Turinaz a dit le premier, nous l'avons vu : « Je suis porté à croire que ce qui se passe ici se passe, dans une mesure plus ou moins large, dans un grand nombre de maisons de cette congrégation, peut-être dans toutes... »

Les pages qui vont suivre prouveront qu'il ne s'est pas trompé.

Mais, voyez-vous la situation de cet évêque, au lendemain du jour où le gouvernement a fermé un couvent de sa ville épiscopale dont il a été le plus terrible accusateur ! Entendez-vous les injures, les protestations indignées !

M. Turinaz ne s'est pas effrayé. Il a simplement estimé qu'il avait des conclusions à tirer, et il les a tirées.

Il a adressé à un journal de Nancy, l'*Est Républicain*, une lettre dans laquelle il affirme que son intervention n'a été pour rien dans le procès de Mlle Lecoanet, qui avait, bien antérieurement, demandé l'assistance judiciaire et tenté d'obtenir réparation .

Il est exact que Mlle Lecoanet avait fait des démarches, avant la publication du Mémoire de M. Turinaz. N'est-il pas certain aussi que les choses seraient encore en l'état, sans la campagne que j'entrepris, en m'appuyant sur le témoignage de l'évêque? Il n'avait pas tout prévu; ce n'est pas douteux. Mais, il est trop modeste, en prétendant n'être pour rien dans les résultats acquis. Sans lui, je n'aurais pas bougé ; il n'y aurait eu ni interpellation Fournière, ni enquête, Mlle Lecoanet n'aurait pas ses dix mille francs de dommages-intérêts; le Bon-Pasteur de Nancy ne serait pas fermé; et la fermeture générale de tous les bagnes semblables ne serait pas si prochaine qu'elle l'est, quoi qu'on puisse faire pour la différer.

Voyons, il faut rendre à M. Turinaz, en cette affaire, la justice qui lui est due.

Un point sur lequel je suis tout à fait d'accord avec lui, c'est celui de la responsabilité de Rome, qui éclate à tous les yeux. Les religieuses du Bon-Pasteur de Nancy n'ont été fortes, n'ont pu braver leur évêque et continuer impunément d'exploiter et de torturer leurs orphelines que parce que Rome les a soutenues, approuvées et encouragées. Elles ont appliqué la doctrine de Rome, la morale de Rome, et M. Turinaz a raison d'écrire :

« J'ai protesté dans l'intérêt de toutes les congrégations religieuses, contre ces dépenses excessives et contre ces faits. Les religieuses du Bon-Pasteur ont porté cette affaire à Rome. Interrogé par la Congrégation des Evêques et Réguliers, j'ai répondu selon ma conscience et pour accomplir mon devoir. La Congrégation a supprimé, à l'égard d'un grand nombre de congrégations religieuses, le droit mis en exercice jusqu'alors en France par les évêques de surveiller l'administration temporelle de toutes ces congrégations. Elle a décidé, de plus, que les religieuses du Bon-Pasteur ne sont tenues à rien, et cela sans restriction et sans réserve, à l'égard des personnes qui travaillent pour leurs communautés. Je ne divulgue pas ces décisions. Elles ont été publiées par toutes les revues ecclésiastiques de France et par tous les journaux qui sont destinés plus ou moins au clergé.

« Comme je le devais, j'ai donné l'exemple de la discipline et j'ai gardé le silence pendant près de quatre ans, jusqu'au moment où mes lettres absolument confidentielles de leur nature, adressées à la Congrégation des Evêques et Réguliers, ont été publiées. Il était d'ailleurs évident que des conséquences terribles atteindraient toutes les congrégations religieuses, si les faits dont il s'agit étaient connus et si on savait que la réclamation de l'évêque n'avait pas été écoutée. Jai cependant insisté plusieurs fois sur les conséquences de la moindre publicité donnée à ces documents.

L'évêque conclut en ces termes :

« En résumé, je vous porte, et je porte à quiconque voudra le relever, le défi de démontrer que j'ai commis dans cette affaire du Bon-Pasteur une erreur ou une faute. Je vous défie de nommer un évêque de France qui ait défendu, autant que moi, les congrégations religieuses. Je me charge, moi, de démontrer, et les faits le démontrent tous les jours, que tout ce que j'avais annoncé se réalise et que, sur ce terrain comme sur d'autres, j'ai malheureusement beaucoup trop raison. Je le répète, j'ai agi en honnête homme et en évêque, et, si j'avais agi autrement, je ne serais ni un évêque ni un honnête homme.

« Il est bien évident que je ne pouvais, dans une pareille affaire, accomplir mon devoir sans soulever contre moi, sous toutes les formes, des accusations iniques et odieuses, et vous êtes en mesure de savoir qu'elles ne m'ont pas manqué. Il n'est pas nécessaire d'avoir l'esprit bien ouvert et le cœur bien haut placé pour comprendre qu'une pareille conduite de ma part révèle un sincère attachement au devoir et un certain courage. Je regrette que vous ne le compreniez pas.

« Vous m'opposerez, sans doute, que les journaux les plus hostiles à l'Eglise catholique et aux congrégations religieuses m'ont loué et me louent d'avoir agi comme je l'ai fait. Cela prouve que, comme je l'ai annoncé (et c'est l'évidence même), en refusant de réprimer les abus que j'ai signalés, et en livrant à la publicité les documents de cette affaire, on donnait à ces adversaires une arme terrible contre les congrégations religieuses dans le monde entier. Cela prouve que ces hommes hostiles comprennent que j'ai fait mon devoir. Cela prouve qu'on trouve parfois plus de sincérité et de justice dans des adversaires déclarés que dans certains prétendus modérés. »

Il est dommage, vraiment, qu'il n'y ait pas beaucoup de Turinaz, ni dans l'épiscopat, ni dans le clergé de France. Avec seulement une dizaine d'accusateurs de cette trempe, conscients ou non, l'Eglise tout entière — et pas seulement le Bon-Pasteur — serait vite jugée, condamnée, exécutée.

Angers

LA MAISON MÈRE

LA MAISON MÈRE

A la maison-mère du Bon Pasteur, à Angers, on avait approuvé la résistance de la maison de Nancy aux objurgations épiscopales, pour la raison très simple qu'on en faisait autant. On n'envoyait pas promener l'évêque d'Angers, parce que l'évêque félicitait les bonnes sœurs de leur infinie charité envers les orphelines. Mais cette infinie charité était absolument la même qu'à Nancy.

Une note qui me parvint dès le début de mon enquête et qui avait été rédigée par une Angevine, établissait ainsi les traditions en honneur à la maison-mère, depuis longtemps, depuis toujours :

Les trois portes de la mort. Le refroidissoir

« Aucune surveillance ne s'exerce sur le « Bon-Pasteur » d'Angers. Les décès y sont nombreux. Pour détourner l'attention de leur fréquence, on les déclare successivement à l'état civil, rue Brault, rue Brutale, rue de l'Abbaye. La communauté a des portes sur ces diverses rues, et je ne sache pas que jamais l'administration y ait pris garde.

Sous l'Empire, on s'en occupait encore un peu et les aumôniers exerçaient un certain contrôle, assez peu efficace, il est vrai. J'en connais un qui

7

s'en est allé parce qu'il ne voulait pas demeurer complice des horreurs qui s'y commettaient....

Comme punition, on mettait alors les jeunes filles à passer la nuit dans le « refroidissoir », c'est-à-dire à côté des cadavres. Je connais une brave créature qui, très leste et très agile, se glissait, je ne sais par quel moyen, sur la toiture du « refroidissoir » afin de rassurer, par sa présence, ses amies en pénitence.

On enfermait aussi dans des cellules étroites comme des tiroirs celles qui n'avaient pas cousu leurs cinq chemises d'homme en deux jours ; toutefois, on les leur donnait bâties, c'est-à-dire les diverses pièces ajustées. Quand elles n'étaient pas bâties, on n'en exigeait que quatre, c'est-à-dire deux par jour.

Ces punitions diverses doivent continuer. La jeune fille qui se glissait sur le toit du « refroidissoir » était la sœur d'un ancien curé, presque célèbre, et mère d'un autre curé. Je tiens ces détails du premier. »

Au mois d'octobre 1899, M. Waldeck-Rousseau, inquiet tout de même des révélations quotidiennes que m'apportaient mes correspondants et témoins, chargea M. Lagarde, commissaire central à Angers, de vérifier et de contrôler.

Voici, d'autre part, un extrait d'un Rapport de M. Meurdra, inspecteur du travail. Il porte la date du 25 octobre 1899 :

« ... Je sortis l'état trimestriel que l'on m'avait envoyé quelques jours auparavant, et je priai les enfants de répondre *présente* à l'appel de leurs noms. Dès les premiers noms, ne recevant aucune réponse, la directrice dit que ces enfants étaient soit à la messe, soit ailleurs. Certaines ayant répondu à mon appel, je les interrogeai sur la date de leur naissance; et je constatai sur les états fournis des différences telles que je ne pus m'empêcher d'en demander la raison à la sœur, qui ne sut tout d'abord que dire, puis finit par m'expliquer qu'en entrant chez elles (dans la maison), les jeunes filles changeaient de noms, puis, lorsque je fus sorti, que j'avais eu la main malheureuse et que j'étais tombé justement sur des enfants complètement idiotes.

« J'interrogeai sur les heures de travail, celles du commencement et de la fin et celle du lever. Je pus constater ici encore des différences considérables avec celles portées sur le tableau. Mais la présence des sœurs influençait tellement ces malheureuses, complètement abruties par le régime de la maison, que je ne pus obtenir de réponses fermes ; et presque toujours, à une de mes questions, la réponse était faite par une autre ou par la sœur même, que je priai de laisser parler seules les enfants que j'interrogeais. Je pus constater seulement que les heures consacrées aux exercices religieux se mêlent tellement à celles consacrées aux périodes de travail qu'il est matériellement impossible de s'y reconnaître.

« ... Dans les dortoirs de la grande classe, il n'y a pas de lavabos. Au pied de chaque lit se trouvent une cruche et une terrine en terre, sans table pour placer cette dernière. Les jeunes filles sont donc obligées de se laver la figure en s'accroupissant à terre.

«... J'ai pu voir la nourriture que l'on donne aux enfants qui travaillent : du pain noir, rassis (les sœurs m'ont dit qu'elles en mangeaient également), un breuvage fabriqué dans la maison, des pommes de terre en robe de chambre, de la soupe maigre et, quelquefois, un bouilli informe et peu ragoûtant que j'ai vu d'ailleurs rester tel quel dans quelques assiettes. La sœur que j'interrogeai à ce sujet me dit que l'on donnait du bœuf bouilli une fois la semaine, puis, sur un ton très dégagé et qui n'admettait pas de réplique, que les pensionnaires, les jours de grande fête religieuse, avaient du veau.

« Dans le réfectoire de la classe Saint-Michel, avisant un pot, je demandai à la directrice ce qu'il renfermait; elle me dit que c'était du fer pour guérir quelques enfants anémiées et qu'on le leur faisait prendre à raison d'une cuillerée à café dans une assiette de soupe. Je regardai et en prélevai un échantillon. La solubilité de cet ingrédient est presque nulle dans l'eau froide à laquelle il communique une saveur métallique désagréable, l'action de l'aimant sur cet ingrédient est nulle. Je demandai quel était le médecin qui avait ordonné ce médicament. « Personne », me répondit-on ; « mais la sœur une telle s'en trouve bien. »

«... Pendant toute la durée de ma visite, toutes les portes étaient fermées à double tour et se refermaient derrière moi. Heureux celui qui pourrait s'échapper d'une pareille prison ; heureux celui qui pourrait également se rendre compte de ce qui s'y passe exactement !

« Nous sommes loin de ces vastes écoles ouvertes à tout venant et où pénètrent avec les rayons du soleil, ceux de la joie, de l'intelligence et de la liberté. Il faut, m'a-t-on dit, corriger des enfants vicieuses ; et ce résultat, on essaie de l'obtenir au détriment de leur santé, en asservissant leur intelligence sous un joug de fer et en mettant entre leurs mains un métier qui leur donnera le choix — ou de sortir et de mourir de faim, ou de rester éternellement exploitées par la congrégation qui les a élevées.

« ... Pour permettre à l'enfant d'entrer dans la vie, de pouvoir s'y faire une place et gagner pour sa subsistance et son entretien, on lui apprend un métier dont elle ne pourra jamais se servir à sa sortie, car le monopole de la confection de ces chemises est acquis à la congrégation.

« L'enfant est ainsi abandonnée dans la société, sans instruction, sans moyen de gagner sa vie, possédant tout juste ses vêtements et *quelquefois* de quoi ne pas mourir de faim pendant deux ou trois jours. Le travail qu'elle a produit depuis son entrée est cependant considérable, car elle a effectué, pendant quelquefois de longues années, un travail *véritablement industriel*, s'élevant en moyenne à mille chemises par an — 1.095 exactement ».

Au commencement de décembre, à la suite de l'interpellation Fournière, une ancienne pensionnaire du Bon-Pasteur, Mlle Folio, domestique chez un conseiller municipal d'Angers, fit au commissaire central des révélations qui amenèrent une seconde enquête, puis une instruction judiciaire et un procès.

Un journal local, le *Patriote de l'Ouest*, reçut aussi les confidences de Mlle Folio, qu'il relata en ces termes :

« A l'époque où j'étais au Bon-Pasteur, nous dit Mlle Folio, est morte une jeune fille nommée Elisa. Elle a succombé à une méningite. Quelque temps avant, on l'avait frappée d'un coup de bâton sur la tête.

« A une autre, dont le nom m'échappe, qui était atteinte de la même maladie, on fit descendre l'escalier entre deux matelas, sous prétexte qu'elle « *se vidait* ». La malheureuse mourait deux heures après.

. « Puis, Mlle Folio nous raconte qu'une demoiselle G. a reçu un coup de ciseaux aux seins, qu'elle est devenue poitrinaire et crache le sang. La personne qui l'a frappée est la même qui a frappé notre interlocutrice.

« Mlle Anna B. a reçu un coup de ciseaux dans l'œil. On a dû lui mettre un œil de verre; elle est actuellement à l'hospice Sainte-Marie, où on l'emploie à n'importe quels travaux.

« Mlle Agathe T, demeurant place de la République, est restée voûtée par suite des coups qu'elle a reçus dans le dos.

« Et, en passant, un détail piquant : ces coups

étaient portés le soir, dans les couloirs, au moment où la victime s'y attendait le moins...

« Mlle Eugénie R. a reçu un coup de pied dans le dos; actuellement elle crache le sang, et notre interlocutrice affirme que la sœur qui l'a battue est à Saint-Martin-la-Forêt.

« Nous ne dirons qu'un mot des supplices de second ordre, qui consistent à empêcher les enfants d'uriner — plaisir d'une sœur actuellement à Saumur — du supplice qui consiste à attacher une enfant à un arbre, l'hiver, pendant toute la nuit, de celui qui consiste à faire asseoir les enfants nues sur un lit d'orties, de celui qui consiste à frapper les enfants sur les oreilles à coups de pots d'étain, et d'autres encore... »

Le lendemain, le *Patriote de l'Ouest* parlait encore de l'enquête de M. Lagarde :

« ... Il a interrogé Mlle Joséphine D., actuellement en place, rue de la Roë. Joséphine D., orpheline, a été placée de bonne heure dans l'établissement hospitalier — oh ! combien ! — qui nous occupe.

« Outre les coups de pied prodigués à plaisir, on lui donnait des coups de ciseaux sur les doigts et dans une proportion telle qu'à l'heure actuelle, elle est infirme. On lui brûlait le bout des doigts avec des allumettes.

« Jamais elle n'a profité des bouteilles de vin que lui apportaient ses parents.

« Elle a vu des sœurs ou des grandes filles tremper du papier dans les matières fécales — ignominie — et l'introduire dans la bouche des patientes A seize ans, pour recouvrer sa liberté, elle sauta par-dessus les murs et se dirigea tant bien que mal vers Brissac, où elle avait de la famille.

« Après cette déclaration, Joséphine D. et Anna B. ont été amenées au Bon-Pasteur, et là, toutes deux, elles ont renouvelé les déclarations qu'elles avaient faites, l'une jeudi, l'autre vendredi.

« Joséphine D... a nommé la sœur qui l'a brutalisée, mais cette dernière est partie en Allemagne.

« Une autre, citée également par Joséphine D... est actuellement à Saint-Martin-la-Forêt ; la jeune fille a été confrontée avec elle, à cet établissement; elle a été très catégorique... »

Enfin, le *Patriote de l'Ouest* écrit encore :

« Mlle Agathe T... a été interrogée, samedi. Elle a dit avoir été enfermée des nuits entières dans les cabinets, avoir reçu des coups de sabot dans le dos. En outre, on lui perçait les doigts avec des aiguilles et on les lui traversait complètement Actuellement, elle a les deux mains difformes.

« Mlle Agathe T... a été confrontée l'après-midi, au Bon-Pasteur.

« Samedi également, Mlle Marie Folio a précisé une de ses premières déclarations au sujet d'une jeune fille qui, deux heures avant sa mort, avait été placée entre deux matelas et descendue ainsi par l'escalier sous prétexte qu'elle « se vidait ».

Tout cela finit par un procès correctionnel qui

vint à l'audience du tribunal d'Angers, le 16 février 1900.

On avait écarté les accusations portées contre la sœur Circoncision et d'autres, et l'on avait laissé, pour unique inculpée, en présence des juges, la demoiselle Mouchard, laquelle était simplement fille de surveillance et non religieuse, à l'époque où s'étaient produits les faits incriminés.

Au reste, voici ce que j'écrivis dans l'*Aurore* du 18 février 1900 :

« Il faut noter d'abord que les religieuses, voyant Mlle Mouchard compromise, se sont empressées de la renier et de la jeter à la porte. Il y a un mois, Mlle Mouchard, ancienne surveillante à Angers, était postulante au noviciat d'Hazebrouck. Il eût été du plus mauvais effet, n'est-ce pas, qu'elle comparût devant la justice en costume religieux ? C'est pourquoi on l'a jetée dehors. Elle s'est présentée devant les juges en vêtements laïques, jupe noire, pèlerine noire et bonnet blanc.

« Ainsi le Bon-Pasteur peut affirmer qu'il n'est pour rien en cette affaire, et que ce n'est pas une bonne sœur qui a été condamnée.

« Les témoins qui ont défilé à la barre ont, cependant, raconté des faits qui se sont tous passés au Bon-Pasteur d'Angers.

« Les trois premières jeunes filles entendues sont encore pensionnaires de la maison. Elles ont avoué, malgré tout, avoir reçu de Mlle Mouchard des coups de pied et des coups de poing. La plus

jeune — elle a treize ans — Mlle Eugénie Roche-
ron, a fait cette déclaration :

« La surveillante, Henriette Mouchard, m'a frappée deux ou trois fois à coups de poing dans le dos.
J'ai eu des crachements de sang et j'ai cru que
cela venait des coups reçus, mais le docteur a
déclaré, depuis, que cela venait d'une autre
cause ! ! !

« Les trois autres témoins ont quitté le Bon-Pasteur il y a plus ou moins longtemps. L'une
d'elles, Mlle Mariot, affirme que la sœur Circoncision l'a frappée souvent et lui a donné un jour un
coup de poing dans l'estomac qui occasionna un
dépôt de sang opéré par le docteur Monprofit. Elle
affirme, de plus, avoir reçu de Mlle Mouchard des
coups de pied et de sabot.

« Mlles Alice Leroy et Mélanie Thiéry racontent
des faits analogues. Mais ils sont prescrits, dit le
président. »

Malgré l'évidente partialité du tribunal qui s'efforçait de sauver, autant qu'il dépendait de lui, la
réputation du Bon-Pasteur, le ministère public ne
craignit pas de reconnaître la vérité :

«...Il est donc bien certain, dit-il, que, *journellement*, les enfants qui sont venues déposer devant
vous recevaient soit les unes, soit les autres, pour
la moindre sottise, pour la moindre faute, ou gifles,
ou coups de pied, ou coups de poing. Il est non
moins certain que toutes ou à peu près ont eu des
cheveux arrachés par l'inculpée, et qu'un jour
même elle est allée, dans un véritable accès de

délire, jusqu'à couper avec des ciseaux une mèche de cheveux à l'une d'elles. (A Limoges, on fait mieux : on coupe la chevelure en entier.) Il est évident encore — elle a beau le nier, mais c'est certain — que quelques-unes ont reçu des coups de ciseaux et en même temps des coups d'aiguilles... C'était *chaque jour* qu'elle exerçait sur les unes ou sur les autres ses violences!.. »

Là-dessus, la sœur Mouchard fut condamnée à 50 francs d'amende et à six jours de prison, qu'elle ne fit pas.

L'opinion publique savait tout de même à quoi s'en tenir ; c'était l'important.

Au Mans

AU MANS

L'abbé Lemire, à la tribune de la Chambre, protesta, au nom du Bon-Pasteur d'Angers, affirmant que les ignominies reprochées à la maison du Mans ne pouvaient pas être imputables à ladite congrégation, attendu que le Bon-Pasteur du Mans était indépendant.

C'est bien possible.

Pour nous, à notre point de vue pratique, la chose est indifférente. Nous savons que tous les Bon-Pasteurs se valent. Nous ne ferons donc entre eux aucune distinction.

Le récit qu'on va lire m'a été fait de vive voix par une jeune femme d'une trentaine d'années, qui a été élevée au Bon-Pasteur du Mans et qui habite actuellement Paris.

La tâche quotidienne

« Nous étions, dit-elle, deux cents, peut-être deux cent cinquante : orphelines, demi-orphelines et détenues, car il y avait, dans le même établissement, une maison de correction. Tout cela vivait et travaillait à peu près pêle-mêle. Quand les orphelines n'avaient pas satisfait les religieuses, on les envoyait en classe et en atelier avec les détenues.

« Quelques-unes d'entre nous, les plus fortes, allaient au jardin, où elles bêchaient, sarclaient, arrosaient, comme des hommes. Les autres, l'immense majorité, travaillaient à la couture.

« Nous devions faire, chaque jour, deux chemises d'homme. Voyez-vous, monsieur, une fillette de dix à douze ans avec une telle besogne ! Il fallait tirer l'aiguille sans relâche, du matin au soir, pour arriver à faire sa tâche. Et, pour beaucoup, il était impossible d'y arriver. Alors, c'était le martyre perpétuel, parce que c'était tous les jours un nouveau retard, et, par suite, le travail de nuit, le pain sec, et puis la cellule, et d'autres punitions plus dures encore.

La cellule

« Combien de jours ai-je passés en cellule! Des semaines entières parfois. Et dans quel état d'anémie en sortais-je !

« Figurez-vous, monsieur, une chambre noire, de quelques mètres carrés, trop basse pour qu'on pût s'y tenir debout, sans air et sans lumière. Dans un coin, une couchette avec une paillasse sans draps, où l'on gelait l'hiver. Pour nourriture, du pain sec, et pour boisson, de l'eau. On ne travaillait pas, on ne lisait pas; on restait là dans les ténèbres, n'ayant droit de sortir que quelques minutes pour aller vider ses ordures.

Le « torchon »

« Plus que la cellule, le « torchon » nous faisait peur.

« Pour un rien souvent, pour une boutonnière

mal faite, la sœur surveillante nous faisait lever au
milieu de l'atelier. Elle prenait un linge, un essuie-
mains, une serviette, une chemise propre ou sale,
n'importe quoi. Elle le trempait dans l'eau et nous
emmaillotait la tête et les épaules, jusqu'à l'étouffement.

« J'ai eu le « torchon » plusieurs fois. Quand j'é-
tais prise là-dessous, je sautais comme une folle.
Un jour je me suis abattue, raide, sur le parquet.
On me crut morte.

« J'ai vu une de mes camarades, qui était phtisique et à qui la sœur avait infligé cette punition.
Quand on lui découvrit la tête, elle rendait le sang
à pleine bouche. Trois jours après, elle était en-
terrée.

Vidangeuse

« Il y avait mieux encore. Quand, pour une raison ou pour une autre, nous étions notées comme
« mauvaises têtes », quand on voulait nous « ma-
ter », comme disaient les bonnes sœurs, on nous
envoyait vider les latrines.

« Oh ! monsieur, je m'y vois encore ! Je l'ai fait
deux fois. On puisait dans la fosse, au risque d'y
suffoquer et d'y rester. Avec un seau on remplis-
sait deux tonneaux. C'étaient des tonneaux qui
avaient des anses. Quand ils étaient pleins, il fallait les emporter. Ils étaient beaucoup trop pesants
pour moi, mes mains étaient toutes déchirées et
je pliais sous le faix. Comme on avait mis une
grande fille avec moi, je portais tout. La seconde

fois, je tombai, la bouche ouverte, dans les vidan-
ges renversées. On m'emporta, je fus malade, ce
qui me valut la paix pour quelque temps.

Évadéc

« Un jour, la sœur se mit de nouveau en colère
contre moi. Elle ne me punit pas sur le moment,
mais je compris très bien qu'elle disait, le soir, à
une de ses filles de confiance, une enfant de Marie:
« Demain, vous lui ferez encore vider les latrines. »

« Toute la nuit, je fus en proie au cauchemar.
Non, non, je ne voulais plus vider la fosse, remplir et porter les tonneaux ! Je me serais plûtôt jetée dans un puits.

« Je me levai comme les autres. A six heures,
je réussis à m'échapper et à sortir dans le jardin.
Comment faire pour m'en aller ? La clôture avait
plus de deux mètres de haut. J'avisai un grand
poirier et grimpai jusqu'au sommet. Hélas ! le poirier ne touchait pas à la muraille ! Comment m'y
suis-je prise ? D'un élan je quittai mon arbre et
allai m'agripper à je ne sais quoi. Un effort encore,
et je tombai dans la rue. La chute fut lourde, car
je me relevai avec un grand trou derrière la tête;
le sang m'inondait le cou et les cheveux.

« J'errai dans la ville, en demandant la route de
Laval pour retourner chez ma mère. Sous prétexte
de me conduire chez quelqu'un qui me renseigne-
rait, on me mena au commissaire de police. Il m'in-
terrogea, je lui racontai tout. Il me garda toute la

journée. J'espérais qu'il allait me renvoyer à Laval ou prévenir pour qu'on vînt me chercher.

Reprise

« A neuf heures du soir, deux sergents de ville me dirent de les suivre. C'est à la porte de l'orphelinat qu'ils allèrent sonner. Les sœurs étaient couchées, elles n'ouvrirent pas. Les sergents de ville prirent le parti d'aller réveiller l'aumônier. Il se leva, me fit entrer, et m'enferma dans une cellule où je m'étendis sur la paille.

« Le lendemain, à sept heures, la sœur arriva, avec une enfant de Marie, une grande fille qui me saisit par le bras, me mit debout, et commença à me frapper la tête contre le mur de la cellule. Je m'affaissai. La fille alors me piétina, me pila, pendant cinq minutes. Puis elle me ramassa.

« — Venez ! dit la sœur. »

« J'étais en sang, et je ne pouvais marcher. On me traîna dans le jardin, où l'on me fit laver la figure et les mains à la fontaine. Puis, on voulut me mener en classe.

« Mais mes dents claquaient de fièvre et de frayeur. On me porta dans une chambre où l'on me coucha.

« J'y étais depuis quinze jours, bien soignée, bien nourrie, ce qui me déroutait absolument, quand un matin je vis entrer un monsieur accompagné de la supérieure et de deux de ses filles de confiance, avec le ruban bleu d'enfants de Marie. C'était un inspecteur. Il me posa des questions et je lui dis la vérité. A chacune de mes réponses, la supérieure me démentait et les enfants de Marie s'écriaient toutes deux ensemble : « Ce n'est pas vrai ! »

« Je ne sais pas ce qu'a pensé l'inspecteur; mais, moins d'un mois après son passage, la maison de correction qui était jointe à notre orphelinat était transportée ailleurs.

La soupe à l'urine

« Voilà, monsieur, continue la jeune femme, ce que j'ai enduré moi-même. Mes compagnes en ont souffert autant, quelques-unes même davantage. Tenez, voici quelque chose d'atroce.

« Il y avait dans la maison une fillette de huit ou dix ans qui, parce qu'elle était faible et malade, salissait son lit toutes les nuits. On la mettait au pain sec, on l'enfermait en cellule. Rien n'y pouvait faire, n'est-ce pas ? La pauvre petite s'affaiblissait davantage, et voilà tout.

« Alors, on décida de la laisser croupir, sans la changer de linge. On lui laissait ses draps et sa chemise souillés. L'hiver elle grelottait jour et nuit. Elle vivait dans l'ordure, et ses voisines, au dortoir, à l'atelier, en classe, partout, souffraient presque autant qu'elle-même : « Ah ! elle ne veut « pas se corriger, disaient les sœurs, eh bien, « qu'elle pourrisse dans son fumier ! »

« Un jour, dans un accès de frénésie, une sœur prit du pain, le détrempa dans l'urine de la fillette

et, lui ouvrant la bouche de force : « Tiens, dit-elle,
« mange-le, ton fumier, mange !... »

Tel est le récit que m'a fait une femme qui a
passé dix ans dans un orphelinat.

Elle en est sortie sans avoir appris aucun métier,
dans l'impossibilité de gagner sa vie. Elle savait
faire des boutonnières de chemise, mais elle aurait
été incapable de tailler une manche ou un poignet.

Le jour de son départ, les religieuses, qui avaient
encaissé, pendant dix ans, le produit de son travail, ne lui ont pas remis un centime et l'ont jetée
à la rue avec, pour tout bagage, le linge et la robe
qu'elle avait sur le dos.

A Limoges

A LIMOGES

La « Morgue » et le « Donjon »

Ainsi furent baptisées les cellules où les sœurs du « Bon-Pasteur » de Limoges enfouissent les orphelines qui ont eu l'infortune de leur déplaire.

« Une des cellules, a raconté M. Bellegarde, est d'aspect intérieur effrayant, très noire, très étroite, les murs lézardés et ruisselants d'humidité; celle dite de la Morgue, qualificatif qui vient de son emplacement. Elle n'est ni pavée, ni planchéiée, et c'est sur le sol nu que les patientes séjournent des journées entières et fort tard dans la nuit.

« Dans une autre cellule, dite du Donjon, le plafond est trop bas pour que les incarcérées puissent se tenir debout, et c'est toujours assise que doit être leur position, ou le corps contracté en deux quand elles veulent se lever.

« La cellule de la Morgue ne reçoit aucune lumière bienfaisante, et, par les froids les plus intenses, aucune des deux n'est chauffée.

« Les jeunes filles récidivistes ont leur chevelure coupée par les ciseaux de la sœur, ce qui, chez une jeune fille dont la coquetterie est la plus grande préoccupation, est une souffrance énorme.»

Les mêmes faits ont été relatés avec plus de

details par une ancienne pensionnaire qui a vécu dix ans dans l'établissement :

« A la sortie de la maison, point de trousseau, — et aucun pécule, quel que soit le travail fourni, sauf dans les cas où l'aumônier, le P. de Rogenet, excellent homme, multipliait ses insistances auprès de la supérieure.

« Les sœurs étaient généralement très mortifiantes envers nous, nous disaient, le plus souvent, ce qui nous frappait le plus au cœur. La supérieure Marie de Jésus avait toujours l'amabilité de nous dire ce que nous aurions dû oublier toute notre vie : « Votre père est ceci ; votre mère est cela; vous devriez vous estimer bien heureuse de pouvoir manger ici !... »

« Les punitions étaient très variées. Quand on était au « Dominique », cabinet noir sans air, on avait pour toute nourriture un morceau de pain sec et on couchait sur la paille. Même régime, quand on était mise au « Donjon », pièce noire et sans air.

« Voici une autre punition qui appelle l'attention. A Limoges, on coupe la chevelure. J'ai vu raser huit jeunes filles en deux jours. Une autre fois, cinq jeunes filles, de 18 à 20 ans, furent rasées. Il y avait Anna Joinet, Anne Dubeau, Marie Mazat, Henriette Partaux. Le lendemain, trois autres furent rasées; c'étaient Marie-Anne, Eugénie Maurier, depuis sœur Augustine, et Jeanne Saunier.

« Le P. de Rogenet prenait notre défense; et

aussi la sœur Marie-Germaine. C'était une sainte, bonne et compatissante, à qui sa bonté attirait les pires avanies. Un jour — elle avait alors 40 ans — elle fut devant nous toutes brutalement réprimandée par la supérieure qui, s'emportant, lui dit qu'elle manquait de sévérité et qu'elle n'était pas capable d'avoir des enfants à élever. La sœur Marie-Germaine lui dit qu'elle ne pouvait cependant se comporter envers les enfants comme un gendarme. La supérieure l'obligea à se mettre à genoux au milieu de nous.

« Sa vie était vraiment pénible. Elle pleurait souvent. Nous l'aimions beaucoup. A un moment de presse et de surmenage, elle voulut encourager les ouvrières de son atelier en leur donnant du chocolat. Elle écrivit, parce qu'elle ne pouvait sortir, à une usine et en demanda pour ses enfants. Cette maison lui en envoya une dizaine de kilogrammes qui furent confisqués par la supérieure qui les distribua à ses sœurs. »

À Annonay

8.

UNE MARTYRE DE SEPT ANS

Une pauvre femme qui a passé six ans au Bon Pasteur d'Annonay, dans l'Ardèche, et qui sait à peine signer son nom, m'a fait écrire :

Montauban, 7 octobre 1899.

« Monsieur,

« J'ai lu une des lettres publiées, le mercredi 4 octobre, dans l'*Aurore*, relative au travail excessif et aux mauvais traitements exercés dans les couvents. J'ai cru bien faire d'apporter une parcelle de lumière et de vérité à la campagne que vous menez contre ces lieux de torture.

« Entrée au couvent du Bon Pasteur d'Annonay (Ardèche) à l'âge de dix ans, j'en suis sortie à seize ans. En entrant, j'ai versé la somme réglementaire de trois cents francs en argent, plus mon trousseau. J'en suis sortie dénuée de tout.

« Le jour que j'ai quitté le couvent, ma mère a été obligée de m'acheter une paire de souliers. De vieilles savates, qui ne me tenaient plus aux pieds, m'ont été enlevées par les bonnes sœurs.

« Le travail que l'on faisait était de la lingerie pour hommes. La somme de travail quotidienne était de deux chemises. Malheur à la compagne qui ne faisait pas sa tâche! Le cachot, le pain et l'eau l'attendaient.

« Un jour, pour une futilité quelconque, l'on me mit à genoux et l'on me força, une écuelle à la main, à demander à toutes mes compagnes une cuillerée de soupe pour mon déjeuner.

« Un autre jour, le fait étant plus grave, on me mit en chemise, toute nue, dans la cour. Il pleuvait à verse.

« Si, par hasard, en dormant, nos bras n'étaient point croisés sur la poitrine, prétextant qu'avec les mains on faisait des saletés, on nous mettait le corset de force. Une sœur était chargée de cette surveillance-là. Je me rappelle très bien qu'une pauvre fillette de cinq ans, attachée avec le corset de force et ayant un besoin naturel à satisfaire, tirait son pot de nuit plus ou moins propre avec ses dents. Cette fillette chétive, maladive, et sans parents, est morte au couvent à l'âge de sept ans.

« Je termine, monsieur, car je n'en finirais plus.... »

Cette lettre est signée de celle qui l'a dictée et contresignée de deux témoins, habitant Montauban, qui assument ainsi la responsabilité du récit qu'on vient de lire. Ces deux témoins ont bien voulu, d'autre part, compléter certains points, éclaircir certains détails.

Ils racontent les veillées des fillettes, à la lumière d'un quinquet, pour finir leur tâche. Ils font le tableau des dortoirs et du réfectoire, humides et sans feu au plus fort de l'hiver.

Quand les parents venaient visiter leurs enfants, il y avait toujours une sœur là pour intimider les pauvres petites et les empêcher de se plaindre. Défense d'apporter des provisions du dehors. « Nos enfants sont bien nourries, elles n'ont pas besoin d'être gâtées », disaient-elles.

Or, leurs pensionnaires, les orphelines surtout auxquelles personne ne s'intéressait, « *faisaient des neuvaines pour que la mort vînt les enlever de ce lieu de torture* ».

Le père de ma correspondante « brisa, dit-elle, de colère, la grille en bois » pour tirer sa fille de cet enfer.

La malheureuse fillette, dont il est parlé dans la lettre, qui prenait son pot de nuit avec les dents, était incapable de faire la tâche qu'on lui imposait, beaucoup trop forte pour elle. Aussi était-elle battue à tout bout de champ. On la frappait, « chaque fois qu'elle se piquait les doigts » en cousant.

Un jour, elle avait une épingle à la bouche. La bonne sœur lui allongea une gifle qui lui écrasa les lèvres. La fillette avala l'épingle. Troublée, tout de même, la sœur alla chercher un peu de beurre, gros comme une noix, qu'elle lui fit manger. Ce fut tout son remède.

L'enfant peu à peu s'étiola. On ne tenait aucun compte de sa faiblesse, qui lui valait, au contraire, un plus grand nombre de coups et de punitions. Elle ne fut délivrée que par la mort, à sept ans !...

UN PROCÈS

Pendant des années, bien que de tels faits fussent de notoriété publique et que l'administration ne pût les ignorer, le Bon-Pasteur d'Annomay continua de fonctionner et de prospérer, dans les mêmes conditions.

Cependant, après les révélations qui venaient de tous côtés sur les maisons de ce genre, l'opinion finit par s'émouvoir, dans l'Ardèche comme ailleurs. On écouta, on regarda de plus près. Les langues se délièrent, les témoins et les victimes ne craignirent plus de parler haut, et la vérité éclata.

Mme Bouvier, du bourg d'Anneyron, avait placé au Bon-Pasteur d'Annonay ses deux nièces, Antonia et Marie-Louise Bonnardel. Elles étaient nées de parents sains et se portaient parfaitement elles-mêmes, à leur entrée à l'orphelinat. Au bout de peu de temps, elles étaient lamentablement anémiées et malades. Antonia avait de plus une déviation d'une épaule et d'une hanche. Il fallut l'immobiliser, de longs mois, dans une gouttière.

Mme Bouvier porta plainte contre les bonnes sœurs qui avaient mis ses nièces dans un tel état. Une enquête fut ouverte, à la suite de laquelle cinq religieuses et une employée du Bon-Pasteur d'Annonay comparurent, le 8 mai 1903, devant le tribunal correctionnel de Tournon.

Les prévenues étaient :

Adrienne Dubois, âgée de vingt-quatre ans, en religion sœur Sainte-Suzanne ; Marguerite Wilhelm, quarante et un ans, en religion sœur Sainte-Ludovica ; Cécile Languilhon, trente-huit ans, en religion sœur Sainte-Désirée ; Anaïs-Rose-Marie-Providence Pajot, trente-deux ans, en religion sœur Saint-Emile ; Jeannette Caloux, en religion sœur Sainte-Céleste ; Marie-Philomène Léorat, dite Marie-Thérèse, trente-sept ans, employée.

Elles étaient poursuivies pour coups et blessures, et pour violences.

Vingt-huit fillettes, élèves ou anciennes élèves du Bon-Pasteur, ont été entendues comme témoins. Certaines d'entre elles ont essayé d'innocenter et d'excuser les bonnes sœurs. On eût dit, à les entendre, qu'elles récitaient, assez mal, une leçon apprise.

Voici, d'après le *Progrès*, de Lyon, les principales dépositions.

La première est celle d'Antonia Bonnardel.

Le Président. — Antonia Bonnardel, faites votre déposition.

Réponse. — Je suis entrée au Bon-Pasteur d'Annonay en 1897. Pendant quelque temps j'y étais assez bien. Un jour, je fis tomber mon mouchoir, sœur Sainte-Suzanne me le plaça sur la tête, moi, je l'ôtai immédiatement. Alors la sœur se jeta sur moi, m'attacha les mains et me donna des coups de poing dans le dos. Une deuxième fois, mes bas étaient déchirés et j'en demandai d'autres. On me donna des bas dont le talon venait au milieu de mon pied, je les refusai. On m'a battue à cause de cela, et si fort que j'ai dû crier au secours. Une troisième fois, sœur Ludovica m'avait attrapée parce que je n'avais pas fermé un loquet. On m'a saisie par les cheveux, on m'a donné des coups de poing et on m'a giflée, puis on m'a traitée de sale fille. De plus, sœur Ludovica m'a donné un coup de marteau sur la tête.

D. — Vous faisait-on faire de durs travaux ?

R. — Oui, pour la lessive. Nous nous levions quelquefois à une heure du matin.

D. — Portiez-vous de lourds fardeaux ?

R. — De pleines corbeilles de linge.

D. — Vous ciriez la chapelle ?

R. — Oui, tous les huit jours.

D. — Quand vous êtes entrée au Bon-Pasteur, étiez-vous malade comme aujourd'hui ?

R. — Du tout, j'étais très bien portante.

D. — Vous avez une déviation de la hanche et de l'épaule ?

R. — Oui, je marche, mais je boite.

D. — Des témoins viendront dire que vous étiez atteinte de votre mal avant votre entrée au couvent.

R. — C'est faux, je n'étais pas estropiée et je n'avais aucune infirmité.

D. — Le docteur Plantier, médecin du Bon-Pasteur, vous a examinée.

R. — Non, il m'a simplement regardé la figure.

D. — A quelle heure vous faisait-on lever d'ordinaire ?

R. — A cinq heures.

D. — La nourriture était-elle bonne ?

R. — Comme ça.

D. — Est-il vrai que sœur Ludovica vous ait frappée à coups de clef ?

R. — C'est exact.

D. — Avez-vous assisté aux mauvais traitements infligés à vos camarades ?

R. — Oui, les sœurs faisaient avec elles comme avec moi, comme elles ont l'habitude de faire (*sic*). J'ai vu frapper la petite Jémina Gachet et d'autres ; sœur Ludovica frappait de toutes ses forces.

D. — Avez-vous vu une sœur cracher au visage d'une de vos petites camarades ?

R. — Oui, c'est sœur Sainte-Suzanne qui l'a fait et je l'ai vue aussi donner des coups de pied.

D. — Et Juliette Chéron, l'avez-vous vue être serrée dans une porte ?

R. — Oui, et c'était si terrible, que nous avons crié à la sœur : « Vous allez la tuer ! »

D. — Vous a-t-on jeté de l'eau sur la tête ?

R. — Oui, et à mes compagnes aussi.

D. — Vous a-t-on étendue à terre pour vous frapper ?

R. — Oui, et on m'a fait une fois tenir par terre par deux de mes compagnes pendant que la sœur me frappait.

Plusieurs témoignages de jeunes filles viennent confirmer les déclarations d'Antonia Bonnardel.

Puis, s'avance à la barre, une religieuse du Bon-Pasteur, Joséphine Radier, qui reconnaît avoir vu la sœur Ludovica frapper l'orpheline.

— L'enfant a-t-elle été frappée, interroge le procureur, au moment où elle troublait l'ordre ?

— Non, répond la bonne sœur, c'était un peu après.

Marie Louise Bonnardel, sœur d'Antonia, a déposé en ces termes :

D. — Votre sœur vous a raconté ses souffrances?

R. — Oui. Cependant moi j'ai été mieux traitée que ma sœur. Quand je n'avais pas fait ma tâche, sœur Céleste m'étendait seulement sur le parquet et me frappait à coups de sabots; on m'a aussi tortillé les cheveux avec des ficelles; je les ai défaits, et alors on m'a trempé la tête dans un baquet d'eau sale.

D. — Avez-vous vu frapper vos compagnes ?

R. — Oui. Ludovine Bourgogne et bien d'autres.

D. — Votre sœur est restée un jour sans bas à ses pieds ?

R. — Eh bien oui, et quand elle a refusé de mettre ceux qu'on lui donnait et qui étaient trop petits, on l'a étendue au grenier et l'on l'a traînée par les cheveux dans l'escalier.

D. — Avez-vous ciré la chapelle, porté les ballots de lessive ?

R. — Oui, et je me suis levée des fois à une heure du matin et deux heures.

D. — Votre sœur était-elle infirme avant son entrée au couvent ?

R. — Non, elle promettait au contraire de devenir une très belle fille; d'ailleurs, à cause des fatigues que me causaient les travaux du couvent, j'ai dû moi-même porter un corset de fer.

D. — Mangiez-vous à votre appétit ?

R. — Pas toujours.

D. — Assistiez-vous à la scène de la clef ?

R. — Oui, le sang a jailli de la tête de ma compagne Lucie Cleux.

Madame Bouvier a raconté comment elle avait été amenée à retirer ses nièces du Bon-Pasteur et comment elle dut, après avoir consulté un médecin de Lyon, mettre Antonia dans une gouttière. Elle est persuadée que, si l'orpheline est infirme, c'est par suite des mauvais traitements que lui ont fait subir les religieuses.

Les médecins appelés à déposer se sont montrés très circonspects. Leurs témoignages sont concluants tout de même.

Le docteur Arnal, d'Annonay, a constaté de la scoliose et de l'asymétrie chez Antonia Bonnardel, mais il ne croit pas que cela soit dû à des sévices. D'autre part, trois sur six des jeunes filles soumises à son examen étaient anémiées. Le médecin est dans l'impossibilité d'indiquer la cause précise de ce fait.

D. — Mais, dans ces conditions, ne pensez-vous pas que ces enfants auraient dû être l'objet de soins tout particuliers ?

R. — Oui, elles étaient anémiées et auraient eu besoin de toniques et de fortifiants.

D. — D'autre part, la réglementation du travail des jeunes filles ne doit-elle pas être soumise à des règles spéciales, surtout à cet âge ?

R. — Oui, on ne doit pas donner aux jeunes filles un travail fatigant, surtout au moment de la croissance.

D. — La scoliose est- elle curable ?

R. — Certainement, surtout quand elle est prise à temps.

Le docteur Jean, de Valence, qui a constaté aussi de la scoliose chez Marie Bonnardel, croit qu'elle provient chez cette jeune fille de l'hérédité.

Après cette déposition, Mme Bouvier, tante des enfants Bonnardel, affirme que le père de ces petites victimes était parfaitement sain et robuste; il a eu d'ailleurs ultérieurement des enfants qui se portent admirablement.

Dans un éloquent réquisitoire, le procureur de la République, M. Gaillard, a établi d'abord le régime d'exploitation auquel les pensionnaires du Bon-Pasteur étaient soumises; le travail exténuant, le manque de soins, les locaux sans air ni lumière.

Il a vu 40 petites martyres travaillant autour d'une seule lampe, et quelle lampe ! Et comme il en faisait l'observation à la supérieure, celle-ci lui déclara qu'elle n'avait pas de fonds suffisants pour éclairer davantage.

Il a produit une lettre d'une religieuse donnant à Mme Bouvier des renseignements absolument faux sur la santé de ses nièces.

Il a démontré le bien fondé des faits de la prévention, par les aveux des inculpés et les témoignages.

Vous pensez que la sentence des juges dut être sévère ?

Détrompez-vous.

Les sœurs Sainte-Suzanne, Sainte-Ludovica et Sainte-Anne ont été condamnées à 25 fr. d'amende.

Les sœurs Saint-Emile et Sainte-Seneste en ont été quittes, avec l'employée Marie-Thérèse, pour 15 fr.

Le Bon-Pasteur a encore de beaux jours.

A Dôle

A DOLE

A Dôle, dans le Jura, le Bon-Pasteur possède un orphelinat qui couvre plusieurs hectares. Jusqu'en 1885, on n'y employait guère orphelines et détenues qu'à la confection des chemises d'homme. Depuis, on y a joint le cardage des matelas et divers autres petits métiers.

Une orpheline sortie de cette maison m'a fait écrire par son mari une longue lettre, dont voici les passages les plus importants :

« Des enfants de cinq ans, sachant à peine parler et dont les pauvres petites mains avaient peine à tenir une aiguille, étaient astreintes au travail des chemises, sous la direction de grandes filles autorisées à les frapper quand la besogne ne se faisait pas bien ou qu'elles cessaient momentanément de coudre. Dès l'âge de neuf ans, chaque enfant finissait entièrement deux chemises par jour, et malheur à celle qui, le soir, n'avait pas terminé sa tâche! Privation de nourriture, coups de ciseaux sur les doigts, de discipline sur les reins et la figure.

« Pour éviter ces punitions, certaines d'entre elles travaillaient la nuit sur leur lit, quand il faisait clair de lune, ayant enfilé jusqu'à vingt aiguillées de fil, pour avancer la tâche du lendemain. Sans parler des jours où toutes, sous un prétexte ou sous un autre, travaillaient jusqu'à deux heures du matin.

« Il y a d'autres punitions encore, aussi ridicules que cruelles : bras en croix pendant des heures — les deux chemises devaient être faites quand même — bonnet à l'envers, corsage et robe retournés ; baiser la terre et, si l'on hésite ou refuse, la sœur prend la tête et la frappe contre le sol. Parfois, le sang coule ; alors on envoie l'enfant se laver à la fontaine et tout est dit.

« ... Pas de temps pour s'instruire, en de telles conditions. De grandes filles sortent du Bon-Pasteur ne sachant même pas signer leur nom.

« ... Jamais de sorties ni de promenades, sauf deux exceptions. On va, une fois par an, en pèlerinage au Mont-Rolland, et, moyennant finances, on figure dans le cortège des grands enterrements de la ville.

« ... Il n'y a pas de cachot, mais il y a la salle de bains, humide et froide, où, par les hivers les plus rigoureux, on enferme les récalcitrantes avec leur tâche à accomplir. Tant pis si les engelures empêchent leurs doigts de tenir l'aiguille ! Pour les guérir, on crève ces engelures à coups de ciseaux !...

... « Quelques-unes de ces enfants ont de la famille. Mais le cabinet noir arrête les lettres de leurs parents. Si elles s'étonnent, si elles réclament, on leur répond que leur famille ne veut plus les voir. Quel désespoir, alors, que de sanglots étouffés, la nuit, sous la couverture, dans le silence du dortoir, et, par suite, pour satisfaire au besoin d'aimer, que d'amitiés coupables !

« Il n'est pas rare que devant tant de souffrances, l'idée de l'évasion germe dans quelques cerveaux. Un jour, une jeune fille résolut de s'enfuir... Elle était déjà sur le mur de l'immense jardin. Elle allait être libre. Mais, du dehors, elle se sentit vigoureusement frapper sur les doigts. C'était un prêtre de la ville qui l'avait aperçue et qui la repoussait et la piquait avec son parapluie. Elle lâcha prise et retomba sur le sol où le chien du couvent, dressé à cet effet, la dévora presque. Elle pouvait se croire assez punie. Allons donc ! On était en plein hiver ; on la fit agenouiller, demi-nue, au milieu de la cour et là, pendant de longues heures, chaque sœur qui passait la frappait de plusieurs coups de discipline.

« Une autre orpheline, nommée Philomène, nièce d'un évêque, disait-on, réussit à s'enfuir. On mit les gendarmes à ses trousses et ils la ramenèrent de force. Elle avait vingt-huit ans...

« E. Gostel. »

A Loos

A. LOOS

La chanson du Bon-Pasteur

Au Bon-Pasteur de Loos, près de Lille, il se passait ceci, il n'y a pas longtemps :

« Quatre mères sont chargées des orphelines et, du matin au soir, elles sont sur leur dos : « Dépêchez-vous ! dépêchez-vous ! Allons, plus vite que ça ! »

« Chaque orpheline a sa tâche, deux et trois chemises d'hommes par jour. On leur marque sur un livre le nombre de chemises qu'elles doivent faire par semaine ; on en rajoute deux en plus et, pour les pousser à les faire, on leur promet des fichus pour l'hiver et des souliers, l'uniforme étant des sabots.

« Pour la nourriture, des gamelles de riz, de soupe, de pommes de terre. Jamais de viande, à part le mercredi, où l'on sert une sorte de hachis, genre pâté, qui monte aux narines.

« Jamais de sortie.

« Aussi, quand vous avez passé un mois dans l'établissement, privée d'air, jamais de gaîté, beaucoup travailler, vous perdez la santé. Disparition complète des règles, etc.

« Voici la petite chanson des orphelines :

Dans l'couvent du Bon-Pasteur,
On s'lèv' toujours à cinq heures,
En hiver comme en été.
C'est toujours pour travailler.

On se plaint et on se plaint
De n'pas avoir de gaîté ;
On se plaint et on se plaint
D'être toujours enfermé.

« Je joins mes supplications aux vôtres pour que
le gouvernement détruise ces affreuses maisons,
tant pour les pauvres orphelines que pour certaines malheureuses religieuses.

« UNE ORPHELINE. »

À Reims

A REIMS

Au Bon-Pasteur de Reims, une jeune fille, en décembre 1899, se trouvait à peu près au secret.

A la fin de l'année précédente, à force de travailler à la machine, elle était tombée très malade. Sa sœur, qui habite Paris, fut mise au courant par une lettre qui débutait ainsi :

« Comme il y a une de mes compagnes qui sort, je lui ai donné une lettre en cachette... Maintenant, comme j'ai quitté la machine, à cause de ma santé, je vais t'apprendre que si je n'allais pas mieux, on était pour me renvoyer... Je m'ennuie beaucoup, je n'attendais qu'une occasion comme cela pour te le dire. Je suis à ma tâche ; on ne m'a pas laissé reposer. Dans l'état où j'étais, tu ne m'aurais pas reconnue. Je ne désire qu'une chose, être près de toi ; car, comme je suis bien en âge de travailler, je ne serais pas en peine.

« Il y a une de mes compagnes, qui était avec moi à la machine, qui a été aussi malade que moi. »

La sœur de l'orpheline lui répondit le plus tendrement qu'il lui fut possible, en lui adressant un peu d'argent et des timbres-poste. Elle reçut une brève et sèche lettre ainsi conçue :

« Je te remercie des 5 francs et des timbres. Je

te préviens que la règle du couvent ne nous permet pas d'écrire pendant le carême. »

Quelques jours plus tard, un mot envoyé encore en *cachette* lui apprenait que c'était sœur Saint-Casimir qui avait dicté cette lettre, où l'orpheline n'avait rien pu mettre de son cœur. Elle en demandait pardon.

Mais on s'alarma au Bon-Pasteur. On trouva que la sœur aînée, qui écrivait de Paris, corrompait la petite recluse de Reims. Un jour, une de ses lettres lui revint, avec ces mots écrits en travers, d'une main courroucée de religieuse :

« Votre père nous a expressément défendu de laisser votre sœur correspondre avec vous. »

C'était un mensonge. Le père était un brave homme, ne sachant ni lire ni écrire, qui travaillait parfois chez les religieuses et qu'elles tenaient par la crainte.

Mais le mal était fait. L'orpheline de Reims resta comme une prisonnière, au secret ; elle ne reçut plus de nouvelles de sa sœur aînée, de sa « petite maman », comme elle l'appelait. Peut-être se crut-elle oubliée et plus orpheline, plus délaissée que jamais.

Une petite Parisienne

UNE PETITE PARISIENNE

Le 24 octobre 1899, Savioz (Mlle Avril de Sainte-Croix) publiait dans la *Fronde*, l'article suivant qu'elle veut bien m'autoriser à reproduire ici :

« Il y a de cela trois ans et demi, une pauvre femme, veuve et mère de plusieurs enfants, remplissant la bien modeste fonction de balayeuse des rues, craignant pour sa fille qu'elle ne pouvait surveiller la fréquentation de mauvaises compagnies, confia ses préoccupations à une voisine qui, croyant bien faire, ne trouva rien de mieux que de lui conseiller d'envoyer celle-ci pour une année chez les sœurs du Bon-Pasteur d'une petite ville de province que nous désignerons sous le nom de X...

« Ravie de se dire que son enfant allait trouver là les bons exemples, les soins et l'entourage affectueux qu'elle ne pouvait lui donner, la brave femme écrivit immédiatement à la Supérieure du couvent pour lui demander les conditions d'admission.

« Il lui fut répondu qu'elle devait : donner à la jeune fille un petit trousseau d'effets non usagés, défrayer son voyage, payer à la communauté une certaine somme, cinquante francs environ, pour les frais occasionnés par l'entrée de sa fille au couvent et, enfin, qu'elle devait s'engager par écrit à laisser son enfant sous la surveillance des religieuses jusqu'à l'âge de vingt et un ans.

« A peine la réponse reçue, la pauvre femme s'empressa, et Dieu sait au prix de quels sacrifices, de remplir les conditions requises.

« La jeune fille, dont nous pouvons donner le nom et l'adresse et dont nous avons les papiers en main, avait alors dix-sept ans, elle venait de terminer son apprentissage de couturière et avait été quelques mois en morte-saison, « petite main » dans un grand atelier. Elle n'était donc, pour la maison qui la prenait, ni une charge ni une non-valeur, mais une ouvrière capable de gagner sa vie.

« Sur ces entrefaites, sa mère, poussée par on ne sait quel pressentiment, avait refusé de signer l'engagement qui l'obligeait à laisser sa fille entre les mains des religieuses, se disant qu'elle voulait se réserver la faculté de la faire revenir quand bon lui semblerait.

« En effet, au bout d'un an, elle réclama son enfant. Mais ces dames lui répondirent, qu'insuffisamment pondérée, il était préférable pour la jeune fille de rester une année encore.

« La mère se résigna, ne se doutant pas de ce qui se passait à X..., puisque sa fille ne pouvait lui écrire que ce que les sœurs autorisaient.

« Cela dura trois ans.

« Ce ne fut que lorsque la pauvre femme instruite, je ne sais comment, de l'état de santé de son enfant et effrayée par une lettre où celle-ci lui demandait de lui envoyer un peu de fromage pour manger avec son pain, son estomac ne pouvant plus digérer la nourriture du couvent, qu'elle se décida à procéder avec énergie et à réclamer immédiatement le retour de son enfant.

« Ennuyées, inquiètes peut-être, les sœurs se décidèrent, non sans avoir encore une fois demandé de l'argent, à renvoyer la jeune fille à Paris. Et, il y a six mois de cela, la pauvre mère voyait arriver à la gare Saint-Lazare, à la place de la fille fraîche et saine qu'elle avait confiée aux sœurs, un pauvre être pâle, maigre, anémié et presque aveugle.

« Dire le désespoir de la malheureuse femme est impossible. Pendant des mois, il lui fallut, pour lutter contre la maladie, réapprendre le chemin du Mont-de-Piété, redoubler de vaillance.

« Peu à peu, grâce à elle, les couleurs de la santé revinrent sur les joues de la jeune fille, sa bouche perdit son pli amer; mais hélas ! ce dont elle avait le plus besoin, ses yeux restaient affaiblis pour toujours.

« Interrogée par moi, voici ce qu'elle me raconta :

« Nous étions, à X..., de 110 à 115 élèves, âgées de quatorze à vingt et un ans, que les sœurs faisaient travailler à des ouvrages de lingerie.

« La cloche du lever sonnait à quatre heures et demie du matin; à cinq heures, après avoir fait notre toilette et mis en ordre le dortoir, il fallait descendre à l'atelier où nous restions jusqu'à sept heures, occupées à travailler; ensuite, nous allions à la messe, nous déjeunions, ce qui prenait à peu près trois quarts d'heure, et nous nous remettions à l'ouvrage.

« A midi nous avions à peine une demi-heure
pour manger et arranger nos affaires; puis, sans
avoir eu le moindre repos, nous remontions à l'atelier d'où nous ne sortions plus jusqu'à sept heures
du soir.

« La tâche pour une ouvrière, — moi j'ai surtout
fait la chemise, — était de trois chemises et demie
de femmes par jour ou de trois chemises d'homme.
Lorsque nous ne l'avions pas faite, nous étions pu-
nies, battues parfois même.

« La punition principale consistait à nous priver
de nourriture et à nous enfermer dans un réduit,
une espèce de pigeonnier glacial en hiver et étouf-
fant de chaleur en été où, pour augmenter encore
le « désagrément », on empilait les draps sales et
les paillasses pourries qui venaient du dortoir des
petites. »

A ma demande si les religieuses les frappaient
elles-mêmes, elle me répondit :

Non, jamais. Ce n'est pas elles qui battent, elles
font faire cela par les sous-maîtresses, qui ne sont
pas toujours bonnes. Une surtout, une Italienne,
était terrible; quelquefois, quand elle trouvait que
ses poings ne cognaient pas assez dur, elle prenait
son sabot et nous tapait sur la tête avec.

« Un jour où je n'avais pu faire ma tâche et où je
me plaignais, car mes yeux commençaient à me
faire mal, cette femme me frappa si fort que le
sang me sortit par le nez et par la bouche.

« Pour la nourriture, nous avions de la viande
une fois par semaine, et je crois bien que c'était du

cheval, on ne pouvait pas la manger; les autres jours on nous donnait de la bouillie, des légumes, de la salade. Ah ! on en avait de la salade, à tous les repas, que j'en suis dégoûtée à ne plus pouvoir en avaler. J'en avais mal à l'estomac, mal au cœur, mal partout, et chaque fois que j'entrais au réfectoire j'avais envie de mourir.

« Il me semble, depuis que je suis revenue chez ma mère, qu'il n'est pas possible de tant souffrir. »

« Voilà, dans ses traits principaux, le récit de cette jeune fille. Volontairement, et pour laisser à cet article la note pondérée nécessaire à la cause, j'ai omis les détails odieux qui m'ont été donnés sur les dortoirs et les promiscuités qu'ils créent.

En Belgique

EN BELGIQUE

Il m'est arrivé des lettres de toutes parts, dénonçant partout les mêmes procédés de charité chrétienne, dans les couvents du Bon-Pasteur. Je citerai un de ces témoignages étrangers. La lettre ci-dessous m'a été adressée de la Hulpe (Belgique) par une ancienne pensionnaire du Bon-Pasteur de M... qui dépend de la maison-mère d'Angers ;

« J' y ai été, dit ma correspondante, de six à onze ans. Pour finir notre tâche, nous travaillions parfois au clair de lune, enfilant à l'avance une quantité d'aiguilles. Nous étions fort mal nourries; en été, le pain était souvent noir de moisissures. On avait toujours faim.

« Il y a souvent des Allemandes dans ces couvents. Un jour, j'avais souri du mauvais français de l'une d'elles; elle sauta sur moi, m'empoigna par le collet de ma robe et me fit voler plutôt que marcher devant elle jusqu'en un coin désert de la cour. Là, elle me frappa si fort que j'en perdis connaissance. Je revins à moi en sentant un jet d'eau me frapper à la figure ; j'étais sous la pompe, la mégère m'inondait pour me ranimer. Puis elle me porta dans mon lit et m'ordonna le silence. Si les habitants de la rue de la Petite-Guirlande voulaient parler, ils diraient combien ils ont vu passer de jeunes filles mortes phtisiques au Bon-Pasteurs, de sept à vingt-quatre ans !

« Nous étions rongées de vermine. En cinq ans, je n'ai pas pris un seul bain ».

Restons-en sur cette note. C'est bien la note du Bon Pasteur : « C'est un péché de se laver », disaient les bonnes sœurs de Nancy.

Congrégations diverses

UN ORPHELINAT DE PARIS

Il ne faudrait pas croire que le Bon-Pasteur ait le monopole de l'exploitation des orphelines. Ce serait une erreur et une injustice.

M. Jean Colly, conseiller municipal de Paris, à adressé au directeur de l'*Aurore* la lettre que voici :

                                            « Paris 28 septembre 1898.

« Citoyen Vaughan,

« Les faits odieux qui se passent dans l'Ouest, chez les bonnes sœurs, filles soumises de Dieu, et que signale le citoyen Guinaudeau dans l'*Aurore* d'hier, se répètent ici, à Paris, sous l'œil bienveillant de nos inspecteurs.

« Il y a, rue de Picpus, douzième arrondissement, une boîte du même genre qui renferme cinq cents petites malheureuses soumises aux travaux de couture, de six heures du matin à sept heures et demie du soir.

« La nourriture est exécrable. Le matin, soupe à la graisse immangeable. A midi, bouillon et bœuf ; mais quel bœuf ! Le soir, soupe à la graisse. Comme dessert, un bout de fromage par-ci, par-là, une poire lorsqu'elles sont pour rien sur le marché.

« En un mot, douze heures de travail, sous l'œil féroce d'une sœur, et une nourriture insuffisante et très mauvaise.

« Quant aux expressions qui sortent de la bouche de ces saintes filles, les courantes sont celles-ci : *Petite bête, petite saleté, petite vicieuse, petite canaille*, etc.

« Je viens de retirer une jeune fille qui y était depuis l'âge de sept ans. Elle en a aujourd'hui dix-huit, et elle est redevable de 154 francs à la communauté, après avoir travaillé pendant onze ans pour rien. Elle est très bonne lingère.

« Lorsque ma femme est allée la chercher, les sœurs lui ont fait ôter les chaussures qu'elle avait aux pieds pour lui en donner de mauvaises, de sorte que cette malheureuse est sortie de là sans souliers, sans chemise, que celle qu'elle avait sur le corps. On agit à leur égard comme les « maisons à gros numéro » agissent avec leurs filles de commerce.

« En vous disant, citoyen Vaughan, que vous pouvez insérer ma lettre, je vous prie de croire, etc.

« J. COLLY,
« conseiller municipal de Paris. »

De vive voix, M. Colly m'a confirmé tous ces détails.

J'ai pu aussi m'entretenir quelques instants avec la jeune fille qu'il a retirée des pieuses mains des sœurs.

— Comment se fait-il, mademoiselle, lui dis-je, que vous ayez des dettes envers le couvent et qu'on vous réclame 154 francs ?

— Je ne sais pas, monsieur. Il y en a qui en doivent bien plus que moi. Ainsi j'en connais une, la pauvre, qui, je crois bien, ne pourra jamais s'acquitter. Elle doit 1.100 francs !...

L'orpheline prononce *mille cent francs !* Et l'on sent que, pour elle, ce mot *mille*, sur lequel elle appuie, représente quelque chose de formidable, une invraisemblable somme d'argent, une dette sous laquelle une pauvre fille ne peut que succomber.

Mais comment peut-on devoir 1.100 francs, en travaillant du matin au soir ?

C'est bien simple, en voici l'explication : Quand les orphelines sont grandes, assez habiles et assez promptes à la besogne, les bonnes sœurs les traitent en personnes sérieuses... Elles leur disent : « Nous allons vous payer votre travail. » Naturellement, elles fixent elles-mêmes ce salaire, après avoir prélevé leur part sur le prix payé par 'e client, de sorte que les petites ouvrières touchent une somme dérisoire. Et les bonnes sœurs ajoutent : « Vous gagnez de l'argent, il n'est pas juste que vous restiez à la charge de la communauté. Vous paierez votre pension; c'est trente francs par mois. »

Or, il arrive souvent que les malheureuses, à la fin du mois, n'ont pas trente francs à verser, et pour cause... Alors, elles sont en déficit, en dette avec le couvent.

Et voilà comment les bonnes sœurs, non seulement leur reprennent tout le produit de leur travail, mais les font prisonnières, en quelque sorte, les forcent à rester chez elles pour travailler le plus longtemps possible, et, au jour du départ, exigent encore de l'argent à titre d'arriéré de pension.

M. Colly avait raison. Ces saintes femmes procèdent comme les tenanciers de maisons à « gros numéro ».

La jeune orpheline m'a raconté d'autres détails encore. Elle m'a dit comment on prive de « parloir » ou de vacances — il y en a quinze jours par an, en trois fois — celles dont la conduite n'est pas jugée satisfaisante. Elle m'a dépeint l'arrivée fortuite de l'inspectrice du travail, les bonnes sœurs promenant de salle en salle les tableaux dont l'affichage est prescrit par la loi, cachant à la lingerie les enfants que l'inspectrice ne doit pas voir. Elle m'a appris que l'un des principaux clients de la maison est un gros commerçant de Montreuil-sous-Bois qui, de concert avec les sœurs, exploite le travail des orphelines, et qu'on rencontre dans les coins, quand il vient apporter ou chercher ses commandes; un chapelet à la main, marmonnant des patenôtres.

Pendant que la fillette parlait, j'avais sous les yeux l'établissement d'où elle venait de s'échapper. C'est immense: de vastes constructions, une chapelle, des préaux, de beaux jardins. A Paris, cela représente un certain nombre de millions qui fructifient saintement sous les bénédictions du bon Dieu.

A LA TORTURE

Les faits ci-dessous relatés ont eu pour théâtre un couvent voisin de Paris. Ils datent de quelque temps déjà. Mais les sœurs de cette maison sont fidèles à leurs traditions. Elles font aujourd'hui ce qu'elles faisaient hier.

Voici ce que, naguère, on endurait chez elles :

« Orpheline à trois ans, je fus mise au couvent de C... Nous étions trente-cinq orphelines, les autres enfants étant des pensionnaires payantes.

« Toutes les orphelines travaillaient à faire une chemise d'homme par jour *piquée à la main*... La journée commençait à cinq heures du matin et finissait à neuf heures du soir. Si la chemise n'était pas faite, nous étions mises en pénitence, privées de nourriture et battues. Pour la moindre faute, nous recevions de dix à vingt coups de martinet. On mettait le martinet dans l'eau toute la nuit, et, le lendemain matin, on nous frappait au son d'une cloche désignée pour cela.

« Pour nourriture, le matin, deux tartines de pain sec, sauf le mercredi et le vendredi, jours où l'on nous en supprimait une pour les pauvres; à midi, de la soupe et un légume; le soir, même repas. Nous avions de la viande rarement, vingt ou trente fois par an. Comme boissons, de la tisane, jamais de vin. Voilà pour soutenir des enfants qui travaillaient quinze heures par jour à la couture, qui ciraient les dortoirs, salles et réfectoires des pensionnaires payantes.

« Pour la prière, on me faisait mettre à genoux, et quand, brisée par la fatigue, je m'endormais, on me punissait en m'attachant les mains derrière le dos, la tête enfermée dans un sac, pendant quinze jours. Cette torture commençait le matin pour finir le soir, au coucher. On ne m'enlevait le sac que pour manger. Alors, il fallait profiter de ce moment pour se moucher et faire ses besoins.

« Autre invention de ces femmes sans entrailles: elles nous mettaient dans l'écurie de la vache ou des porcs, sans s'occuper de l'effroi d'une enfant de six à douze ans.

« Pour les enfants faibles, qui s'oubliaient au lit, on leur faisait passer la journée dans un couloir, avec leur drap sur la tête.

« La supérieure, à cette époque, était la sœur B...

« Enfin, lorsque ma tante me fit sortir de cet enfer, j'avais douze ans. J'étais perdue de douleurs, les doigts des mains et des pieds couturés d'engelures. Je ne savais ni lire ni écrire et, pour récompense d'avoir travaillé six ans, on me renvoya, au mois de décembre, presque nue, avec une chemise et une robe en toile à matelas.

« Je crois que si ces maisons étaient surveillées par des personnes énergiques, cela ne serait pas ainsi.

« Veuillez agréer, etc.

« Fanny PANGOT, femme M... »

UNE RENFERMERIE

Il y a, dans le Puy-de-Dôme, une sorte d'hôpital-hospice-orphelinat, dans lequel jamais inspecteur, départemental ou autre, n'avait pu pénétrer.

Un jour, pourtant, en 1893, il se trouva un inspecteur général qui s'y prit mieux que les autres, insista et réussit à se faire ouvrir les portes jusque-là interdites.

Sans doute, à sa première parole, on répondit :

— Madame la supérieure est malade. Il lui est impossible de vous recevoir.

Mais il enjôla si bien la petite bonne sœur qui faisait office de portière, qu'elle finit par aller intercéder pour lui auprès auprès de la « Révérende Mère ». Elle revint en disant :

— Madame la supérieure va se lever, voulez-vous l'attendre un instant ?

Pendant ce « lever », l'inspecteur et la portière ne pouvaient mieux faire que de causer. Ils causèrent.

— Alors, vous avez ici des orphelines, ma sœur ?

— Oh ! monsieur, pas précisément. Nous avons quelquefois des jeunes filles.

— Des jeunes filles dont vous faites quoi ?

— Voici, monsieur. La communauté ne se recrute plus guère. Alors, nous prenons des jeunes filles qui finissent par se faire religieuses.

— Ah ! bien. Et des vieillards ? Avez-vous des vieillards ?

— Oui, monsieur, mais ils nous paient... Oh ? quelquefois, nous en gardons bien qui ne paient pas... Nous sommes charitables... Oui, quelquefois...

— Et des fous, combien en avez-vous ?

— Oh ! pas un, monsieur. Nous avons des gens qu'il faut attacher et qu'on attache. Mais des fous ! Jamais, monsieur, jamais !

Madame la supérieure était levée ; elle vint prendre l'inspecteur.

Comme cet inspecteur a fait, de sa visite, un rapport que j'ai sous les yeux, je lui passe la parole :

« J'ai été appelé, dit-il, à visiter un établissement qui constitue bien le type achevé de ces étranges œuvres charitables où l'on reçoit pêle-mêle toutes sortes de misères dans une promiscuité qui nous ramène aux *renfermeries* du moyen-âge...

«... L'établissement appartient aux sœurs de M. C'est la maison-mère de la congrégation qui possède 19 autres établissements. Le nombre des religieuses et des novices de la maison-mère varie de 30 à 40.

« Ces dames se recrutent principalement dans le département. Les enfants de leur *orphelinat* forment une sorte de séminaire qui alimente leur noviciat en partie.

« L'objet de leur œuvre est de soigner les malades des campagnes à titre de gardes-malades. Elles sont *ignorantes*, d'après ce que nous a expressément déclaré la supérieure ; pourtant, elles savent un peu lire et peuvent « *au besoin déchiffrer quelque ordonnance du médecin* ».

« Leur instruction professionnelle est rudimentaire et se transmet par tradition.

« Elles occupent un immeuble très vaste et bien construit où se trouvent leur chapelle, leur logement, leur réfectoire, leur infirmerie personnelle et enfin un petit dortoir pour les orphelines. Tout cela est assez propre et suffisamment tenu (nous n'avons pas vu cependant le dortoir des orphelines).

« Un second bâtiment est une construction fermière basse, délabrée, en fort mauvais état, mal tenu d'ailleurs et beaucoup plus petit que le bâtiment principal. C'est là que sont les hospitalisés (sauf les orphelines).

« Nous n'avons pas tout visité et nous nous sommes contenté de ce qu'on a voulu nous montrer; c'est-à-dire une pièce vacante au rez-de-chaussée qui est ordinairement, nous a-t-on dit, un dortoir. Puis, à l'étage, une autre pièce avec 4 lits : deux pour deux épileptiques, un pour une idiote, un enfin pour une servante qui les garde; car si les dames de M... vont garder les malades dans les campagnes, chez elles-mêmes elles les font garder par une domestique.

« Cette construction fermière dont nous n'avons pas vu la distribution puisque nous n'avons pu voir qu'un dortoir de 4 lits pour les femmes, et que nous n'avons pu savoir où couchaient les autres hospitalisés, communique d'une part avec une cour réservée aux femmes, et de l'autre avec une seconde cour pour les hommes, avec un hangar où ils se tiennent ordinairement. Il ne semble pas qu'il y ait place pour les réfectoires. Les lavabos ne paraissent pas connus.

« Disons maintenant quel est le personnel hospitalisé dans ces tristes conditions.

« D'après le dire de Mme la supérieure, il se composerait d'une trentaine de personnes, savoir: 10 épileptiques, 10 orphelines, 10 infirmes. Ce sont là les chiffres ronds qu'on nous a fournis. Nous n'avons pas vu les orphelines qui étaient au lavoir ou aux champs, nous avons trouvé du côté des femmes 4 épileptiques, dont 2 certainement aliénées. — « *On est souvent obligé de les attacher* »— nous a dit ingénument une jeune religieuse; avec elles se trouvaient deux vieilles démentes, et enfin une petite idiote sourde-muette.

« Dans la cour des hommes, sous le hangar, il y avait 5 personnes, savoir :

« Un aveugle aliéné, souvent agité, toujours loquace, tournant sur place, et creusant ainsi de ses pas dans son incessant manège un trou rond régulier ;

« Deux jeunes idiots, de quatorze ou quinze ans, souvent méchants et vicieux

« Un pauvre idiot nain, de trente-huit ans, ficelé sur une chaise percée ;

« Et enfin, un bel enfant de cinq ans à la mine

éveillée et qu'on laissait dans ce milieu, dans cet enfer, inoccupé et flânant. Comme nous nous étonnions de trouver là le pauvre petit : « *c'est un enfant naturel* », nous dit la supérieure en guise d'explication.

« Quant aux orphelines, je rappelle qu'elles étaient absentes. On nous a dit qu'on ne les envoyait à aucune école; mais que l'une des sœurs leur donnait l'instruction. Après ce que Mme la Supérieure nous avait avoué en toute simplicité de l'ignorance de ses sœurs « *qui en savent toujours assez pour garder les malades* », nous aurions été très suffisamment renseigné sur la qualité de l'instruction reçue par les orphelines; mais comme renseignement complémentaire, nous avons constaté dans la conversation de la religieuse chargée de l'enseignement, des liaisons un peu hardies qui prouvent que si, par hasard, elle écrit l'orthographe, certainement elle ne la parle pas.

« Je pense que c'est cette ignorance qui excuse en partie les religieuses de leur charité si singulière. Elles ne se doutent pas évidemment qu'il est illicite de détenir chez soi des aliénés qui échappent ainsi à la surveillance si sagement exigée par la loi; elles ne comprennent pas combien il est monstrueux de laisser dans le désœuvrement un enfant de cinq ans avec des idiots vicieux et des aliénés; elles ne comprennent pas que la loi exige que les enfants aillent à l'école, et peut-être ne le savent-elles pas plus que les gens du village qui ne les y envoient guère, car en allant à l'école je

11.

n'ai trouvé dans la classe des filles que les *enfants assistés* placés dans la commune... »

L'inspecteur général qui rédigea ce rapport, n'est autre que M. le docteur Napias, qui mourut directeur de l'*Assistance publique*. Si je suis bien renseigné, il ne dit pas tout. Révolté de voir un enfant de cinq ans séquestré parmi les fous — pourquoi ? dans quel but ? — il manda la gendarmerie et fit enlever de force le pauvre petit.

M. le docteur Thulié qui, dans son rapport au Conseil supérieur de l'*Assistance publique*, en 1896, cite les faits invraisemblables relatés par M. le docteur Napias, ajoute :

« Voilà où peuvent mener l'ignorance de la vie et des lois. On peut découvrir encore des choses aussi monstrueuses commises *par excès d'innocence*. Que l'on préjuge alors ce que peuvent faire certaines personnes sans conscience et sans honneur !... »

PIEDS GELÉS

Ce récit est extrait du rapport de M. le docteur Thulié au Conseil supérieur de l'*Assistance publique* en 1896 :

« Les dortoirs sont installés dans un immense hall de trente-cinq mètres de long, qui a été séparé en trois travées par des cloisons de bois percées chacune de six fenêtres de soixante centimètres de côté, qui sont demeurées sans vitres tout l'hiver. Dans les deux travées latérales, larges de quatre mètres seulement, des lits ont été dressés, et la travée centrale sert de préau couvert. Par suite de cet arrangement, ces dortoirs sont privés d'air et de lumière et il y règne constamment une humidité glaciale et une fade odeur de moisi.

« Le sol est simplement pavé de briques posées sur champ à même le sol. Il n'y a pas de cave et de sous-sol, bien entendu, et le dallage est au niveau du jardin.

« Dans l'un de ces deux dortoirs s'ouvre une salle où l'on relègue d'ordinaire les pensionnaires, petites ou grandes, atteintes de la gale, qui est presque à l'état endémique dans l'établissement.

« Il n'existe dans ces pièces aucun appareil de chauffage...

« Pendant la nuit du 7 au 8 décembre 1890, dix petites filles furent atteintes de congélation des pieds, sept peu gravement, trois fortement, dont l'une à un degré tel que, transférée d'urgence à l'Hôtel-Dieu, elle dut subir l'amputation des deux pieds. »

L'ÉPINGLE, LE CHIEN, LE GOURDIN
ET LE POTEAU

Une ouvrière établie à Paris raconte ainsi son séjour dans un orphelinat :

« Monsieur,

« ... J'ai été enfermée à l'âge de treize ans dans un de ces orphelinats ; j'en suis sortie à dix-huit ans, absolument sans ressources. Exploitée encore après ma sortie du couvent, c'est grâce à mon énergie que j'ai pu éviter de devenir ce que deviennent beaucoup de mes malheureuses compagnes.

« Ma vie au couvent, la voici : un travail excessif ; battue tous les jours, pour un rien, à propos de rien. Un jour, une de ces « bonnes » sœurs m'enfonça profondément une épingle à cheveux, en me frappant sur la tête.

« Une chose que je n'ai pas oubliée, c'est que, le jour de mon arrivée, une sœur soulevant ma longue tresse, dit à une autre : « Il y aura de quoi « tirer » !

« La supérieure avait un chien et, quand elle nous battait avec son gourdin, elle nous faisait mordre en même temps par l'animal.

« Un jour, en plein hiver, deux sœurs me lièrent à un poteau au milieu de la cour et me frappèrent si violemment, que mon sang coulait et se gelait sur ma figure...

« On me battait aussi quand je ne voulais pas aller à confesse.

« Ah ! si toutes les petites victimes osaient vous écrire, monsieur !... Mais la plupart n'osent pas, et moi-même je vous serais très reconnaissante de ne pas publier mon nom, à cause de mes clientes, dont la plus grande partie sont des dévotes. »

LA CONVERSION DU COLONEL

D'une longue lettre qui m'a été adressée d'une ville de l'Est, j'extrais un passage que je me reprocherais de ne pas mettre sous les yeux des lecteurs. Il y avait, dans la maison dont il s'agit, des orphelins, des vieillards, des fous et des pensionnaires bourgeois. Parmi ces pensionnaires bourgeois, un colonel retraité.

« Il avait eu l'idée, m'écrit un témoin, de dire : « Je donnerai un franc tous les dimanches à celle « des petites filles qui aura la croix. » Et les sœurs avaient l'imprudence d'envoyer les petites filles chez ce colonel qui avait soixante-dix ans... J'y suis allée, j'avais treize ans... Après, j'ai été tellement ennuyée que j'ai demandé à aller à confesse tout de suite. J'ai tout dit au curé, mais je n'ai pas vu que cela ait changé...

« Par protection, le colonel fit entrer une grande fille pauvre chez les folles. Elle avait dix-sept ans. Tous les quinze jours, la sœur disait : « Jeanne,

« M. le colonel te demande. » Elle y allait, restait deux heures et revenait toute rouge.

« C'était pour convertir le colonel. Il a commencé à venir à la messe, le dimanche, derrière le banc des « petites ». Ensuite, il est allé à confesse, et il est mort bien converti à la religion.... »

O Seigneur, dit la sainte Bible, que vos voies sont admirables !

FOUET

Une victime, tremblante encore au souvenir des tortures endurées, m'écrit :

« Monsieur,

« Comme j'ai su que vous vous occupiez dans votre journal des pauvres orphelines qui ont le malheur d'être élevées chez les sœurs, je me permets de vous écrire, parce que moi aussi, j'ai souffert chez elles.

« J'ai perdu ma mère à sept ans, et on m'a placée dans une maison où je n'ai pas eu à me plaindre, au commencement. Mais, dès que j'ai eu huit ans, il a fallu que je travaille à tout. Je cousais et je faisais aussi de gros travaux. Des fois, il ne fallait pas parler, ou on était privée de dîner. On n'avait que du pain sec, dont les poules n'auraient pas voulu. On était surtout battue.

« Je suis restée là jusqu'à vingt-deux ans. Un de

mes oncles m'a délivrée alors, et j'ai pu connaître la vie comme tout le monde.

« Mais, j'ai été bien malheureuse là-bas, car *à celles que personne ne venait voir, on faisait plus de mal. Moi, ma mère n'était pas mariée, alors j'étais bien battue.*

« C'était le fouet qu'on nous donnait. Des jours, on saignait. On nous battait aussi avec des orties et, après, avec le martinet. Il fallait qu'on se déshabille, qu'on se couche sur une planche et qu'on demande au Bon Dieu de nous corriger. Et quand on avait reçu la fessée, il fallait dire merci et venir devant la supérieure avec le martinet, pour qu'elle vous donne encore vingt coups. C'était pour les grandes fautes qu'on nous battait comme ça.

« *Des fois il y avait des curés qui donnaient les vingt coups et ça les faisait rire, on le voyait bien.*

« *L'hiver, on ne nous faisait pas mettre les culottes, parce que ça gênait pour nous fouetter.*

« Jusqu'à vingt-deux ans ça été pour moi la même chose. J'ai été battue parce que je ne voulais pas être sœur. J'en ai vu qu'on fouettait aussi, parce qu'elles n'étaient pas assez méchantes.

« Excusez ma liberté, monsieur, et tâchez de sauver bien des pauvres filles.

« Marie DUBENAT.

A PARPEVILLE

L'orphelinat-type

Il y avait une fois, à Parpeville, canton de Ribemont, arrondissement de Saint-Quentin, département de l'Aisne, un gaillard de curé qui cultivait comme pas un le champ des âmes et lui faisait rendre, à la plus grande gloire de Dieu, d'extraordinaires récoltes.

Il possédait, dit-on, une petite fortune personnelle. Les paysans de sa paroisse et des alentours avaient confiance en lui ; ils lui apportaient leurs économies pour qu'il les fît fructifier au mieux de leurs intérêts. Le curé maniait, relativement, beaucoup d'argent.

Il résolut de faire de grandes choses.

Un dimanche, il monta en chaire, plus solennel que d'habitude. « Mes frères, dit-il, j'ai décidé de fonder un orphelinat à Parpeville. »

Il installa d'abord des bonnes sœurs, d'anciennes paysannes qui avaient eu, dans leur jeunesse, quelque réputation aux alentours. On en citait quelques-unes, m'assure-t-on, qui avaient fait preuve d'une piété si ardente que, plus d'une fois, à la sortie de la messe et des vêpres, elles avaient continué avec les garçons du pays, dans l'herbe des fossés, la prière commencée à l'église.

Les bonnes sœurs trouvées, le curé prit le train

pour Paris. Il fit ou fit faire, à Saint-Roch ou ailleurs, un « sermon de charité » qui lui rapporta la
forte somme. Puis il passa à l'*OEuvre d'adoption*,
où on lui remit un certain nombre de petites filles,
avec 250 francs par tête de pension annuelle. Il
revint à Parpeville avec de l'argent et des orphelines. Sa maison était fondée.

« Je suis un grand coupable ! »

Elle fonctionnait depuis quelque temps déjà. Il y
avait de grandes filles avec lesquelles le curé était
d'une amabilité charmante, et de pauvres petites,
fraîchement arrivées, qu'il giflait avec une rudesse
aussi paternelle qu'évangélique.

Au milieu de cette prospérité, brusquement, le
saint homme mourut, en s'écriant, paraît-il : « Je
suis un grand coupable ! »

Il laissait un assez joli découvert. Les paysans
qui lui avaient confié leurs économies les cher-
chaient en vain ; impossible de savoir où elles
étaient passées.

Pour calmer un peu l'émotion et faire taire les
plaintes qui s'élevaient de tous côtés, les bonnes
sœurs de l'orphelinat prirent à leur charge une
partie des dettes de leur « vénéré père ». En faisant
travailler les orphelines un peu plus que d'habitude, jusqu'à minuit au lieu de jusqu'à neuf
heures, on arriverait vite à éteindre ce passif trop
criard.

La maison de la faim

Sur ces entrefaites, pour se mettre en règle avec la loi, qu'elles avaient esquivée jusque-là, les religieuses durent faire venir une institutrice qui apprit à lire aux enfants.

Elle arriva. A sa descente de voiture, toute la maison vint la saluer. Les bonnes sœurs, supérieure en tête, l'accablaient de salamalecs ; les orphelines, rangées sur deux files, s'inclinaient jusqu'à terre devant « Mademoiselle l'institutrice ». L'obséquiosité des religieuses écœurait ; l'aspect des enfants était lamentable et navrant. Elles avaient l'air de deux files de spectres, avec leurs visages pâles, terreux, leurs pauvres yeux boursouflés et morts, leurs têtes, dont on ne voyait pas un cheveu, uniformément coiffées d'ignobles bonnets noirs à trois pièces.

L'institutrice eut l'impression qu'elle entrait dans un bagne.

Elle eut vite fait de constater que personne avant elle ne s'était occupé de donner l'ombre d'instruction aux fillettes, qui étaient d'une ignorance absolue. Elle eût voulu les instruire toutes, grandes et petites. Mais on ne lui donna pas les grandes.

Elle se consacra, à cœur perdu, à ses petites qui, se sentant aimées, l'adorèrent. Hélas, que faire ? Les malheureuses avaient peine à distinguer les lettres de leurs livres ou du tableau noir, tant leur faiblesse était extrême. Souvent, elles s'évanouissaient, s'affaissaient au milieu de la classe. La première fois qu'il en tomba une, l'institutrice la soigna, la dorlota, la fit revenir à elle. Quand elle rouvrit les yeux, sûre de n'être pas battue cette fois comme auparavant, elle osa parler :

— J'ai faim, dit-elle.

L'institutrice fit manger l'enfant et, à partir de ce jour, elle résolut de se rendre compte de tous les abus de la maison et d'y mettre ordre, autant qu'il serait en son pouvoir.

La supérieure lui faisait les honneurs de sa table, dans une pièce à part, où le menu était des plus confortables. Elle demanda à aller manger au réfectoire, avec les enfants. — Ce n'est pas votre place, Mademoiselle, objecta la supérieure. — Cela me fera plaisir, répondit l'institutrice, et elle alla désormais s'asseoir à la table des sœurs surveillantes, au réfectoire.

Le menu des orphelines, d'un bout de l'année à l'autre, était invariablement le même :

Le matin : un morceau de pain.

A midi : une soupe, un morceau de pain, un légume.

Le soir : une soupe, un morceau de pain, de la salade.

Le premier morceau de pain devait suffire. Un jour, une fillette s'avança à la table des surveillantes, pour en demander un second. D'un revers de main, une religieuse la coucha sur le carreau.

C'était une toute petite.

Que dire des jeunes filles de quinze et de dix-huit ans soumises au même régime ? Celles-là ne se tenaient debout que par miracle. Les paysans émus de pitié, en les voyant se traîner à l'église, s'évanouir au milieu des offices, leur apportaient des provisions, qu'ils leur faisaient passer en cachette, à la messe. Ils envoyaient à l'orphelinat des volailles, des œufs, des légumes, des fruits, pensant que les fillettes en profiteraient. Mais, quand la supérieure avait fait son choix personnel, tout le reste filait à Saint-Quentin où la congrégation avait sa maison mère et son noviciat.

Le feu sacré

Cependant pour entretenir en elles la flamme nécessaire à leur tâche, les bonnes sœurs se traitaient grassement. Elles mangeaient bien et buvaient mieux.

Tous les jours, à elles dix, elles absorbaient un litre d'alcool. Elles avaient conservé peut-être cette habitude du temps où, dans le monde, elles suivaient les usages du pays. On y aime assez la liqueur qui gratte le gosier et chauffe le cerveau, en même temps que l'estomac.

Une sorte de pudeur, pourtant, les poussait à dissimuler leur consommation de cette eau-de-vie, légèrement différente de celle dont parlent les Saints Livres, et qui « jaillit juqu'à l'éternité ». Elles changeaient d'épicier, à chaque litre. Mais il n'y avait que quatre épiciers à Parpeville et, tous les quatre jours, régulièrement, chacun d'eux vendait aux bonnes sœurs son litre d'alcool.

Dans l'ordure

Battues, épuisées par le jeûne et les privations, les orphelines souffraient encore et perdaient le reste de leur santé dans l'ordure où on les forçait de croupir.

Au dortoir, on les faisait coucher quatre par quatre dans le même lit. Et cela non parce que les lits manquaient, mais parce que la paresse et l'avarice des religieuses se refusaient à fournir et à laver le nombre de draps qu'il aurait fallu. Et puis, le ménage ainsi était plus vite fait.

Par suite de cet entassement, les trois quarts des malheureuses enfants étaient mangées de teigne. Et c'est pour cette raison qu'on les condamnait toutes à l'horrible bonnet noir qui avait si triste-
toutes à l'horrible bonnet noir qui avait si triste-
arrivée.

La pendule du dimanche

Ainsi traitées, petites et grandes, sauf les quatre heures de classe des petites, travaillaient à la couture du matin au soir. Elles confectionnaient surtout de la lingerie. Quelques-unes, devenues habiles ouvrières, faisaient des ouvrages de luxe. Toutes gagnaient le double et le triple de ce que coûtaient le pain et la salade dont on les nourrissait. Et notez, comme je l'ai dit au début, que l'*OEuvre d'adoption* versait, en plus, deux cent cinquante francs pour chacune d'elles. On voit quels bénéfices les bonnes sœurs pouvaient réaliser et si elles étaient à même, en exploitant odieusement les fillettes, d'acquitter les dettes de leur « vénéré père ».

A certaines dates, probablement lorsqu'on voyait arriver les fortes échéances, il fallait tirer l'aiguille presque toute la nuit. Le samedi soir, pour rassurer la conscience des enfants, les bonnes sœurs prenaient une précaution charmante. Elles arrêtaient la pendule pendant quelques heures. De cette façon, les orphelines ne croyaient pas avoir violé la loi de l'Eglise, en travaillant le dimanche, une fois minuit passé.

Fernande

Ceci est une histoire monstrueuse.

Quelques jours après son arrivée, l'institutrice vit surgir devant elle une vague forme humaine qui lui fit peur. C'était une jeune fille vêtue de loques immondes, exhalant l'odeur la plus repoussante. Elle portait, sous l'un de ses yeux, une large ecchymose.

En l'interrogeant, l'institutrice apprit qu'elle était fille d'un riche banquier, qu'elle avait vingt-quatre ans et que son père l'avait mise là pour la fortifier et la guérir de certaines infirmités. Elle payait une pension de mille francs.

L'ecchymose qu'elle avait au visage datait du jour de l'arrivée de l'institutrice. Au bruit de la voiture, elle s'était précipitée comme les autres.

Une religieuse, en la voyant, lui avait envoyé une telle gifle qu'elle était tombée la face sur la grille.

Pour qu'elle ne salît pas ses draps, la nuit, on la faisait coucher au grenier, sur trois bottes de paille. On la laissait pourrir dans son linge plein de vermine.

De temps à autre le père annonçait sa visite. Elle espérait la délivrance.

Mais les religieuses s'arrangeaient pour éviter la visite redoutée.

— Votre père ne viendra pas, finissaient-elles par dire, chaque fois, parce que nous l'avons mis au courant de votre mauvaise conduite.

L'institutrice agit

Aucune religieuse n'ayant un diplôme quelconque, la maison, pour satisfaire à la loi, avait été mise au nom de l'institutrice. Celle-ci profita de la situation. Elle menaça la supérieure de faire fermer l'orphelinat si l'on ne faisait pas des réformes. La supérieure se jeta à ses pieds et la supplia d'avoir pitié d'elle et de ses paysannes, habituées à l'oisiveté de la vie religieuse, à qui on avait donné le voile, et qui ne sauraient plus que devenir.

Les orphelines eurent chacune leur lit, du pain à volonté, et un légume cuit, le soir, au lieu de salade. On cessa de les battre.

Mais l'institutrice partit. Elle a su que, malgré les apparences qu'on essaya de sauver un peu, les enfants furent, après son départ, aussi malheureuses qu'avant son passage. Qu'en est-il aujourd'hui ?

A MONTPELLIER

La fillette à deux cents francs

Les bonnes sœurs n'aiment pas l'argent. Lisez ceci :

« Montpellier, 25 octobre 1899.

« Monsieur,

« Le 8 août dernier, par l'entremise de M. l'abbé X..., et de quelques vieilles dévotes, la petite Rose-Marie-Sylvie Felhmann, née le 28 octobre 1894, était recueillie par les sœurs de Saint-Vincent-de-Paul, à Montpellier. Le père de l'enfant, séparé de sa femme, se trouvant sans travail, se voyait obligé d'abandonner sa fillette à d'autres soins pour la soustraire à la souffrance. Les sœurs demandaient quinze francs par mois, que le père s'engagea à donner. Ce malheureux s'astreignit aux plus dures besognes et préleva sur son modeste salaire deux ou trois francs par semaine pour aller les verser au couvent de Saint-Vincent-de-Paul.

« Il est bon d'ajouter, pour l'intérêt de ce petit drame, que les sœurs avaient exigé le petit lit et le trousseau, fort léger, de l'enfant.

« Après cinq semaines de cette situation atroce, les époux qu'un instant de mauvaise humeur avait séparés, se réconcilièrent, par amour pour l'enfant.

Le père faisait des terrassements et rapportait quelques sous. Il ne voulut pas laisser plus longtemps sa fillette en d'autres mains. Mais il comptait sans la rapacité cléricale. Une des vieilles dévotes qui composent la cour de l'abbé X..., se rendit en personne au domicile de Fehlmann et lui déclara que, pour retirer son enfant, il devait verser *deux cents francs.*

« Deux cents francs !... le pauvre père ne pouvait pas donner cent sous. Ce procédé, dont les instigateurs n'osaient même pas prendre ouvertement la responsabilité, mit au comble l'indignation de Fehlmann. Il donna à sa femme une lettre pour prier la supérieure du couvent de remettre, sans plus de forme, l'enfant entre les mains de sa mère.

« On remit l'enfant. Mais, comme le père n'avait pu tenir tout à fait l'engagement de verser quinze francs par mois, et qu'il restait devoir quelques francs encore, on refusa de donner le lit et le trousseau. A une nouvelle demande, la crainte du scandale fit remettre le lit ; mais le trousseau reste aux mains des sœurs. La mauvaise saison approche, l'enfant a froid. Les quelques loques, si légères soient-elles, qui sont ravies aussi brutalement à ce petit être seraient d'une grande utilité à cette famille qui ne peut acheter des vêtements... »

H. G., Licencié en droit.

La lettre qu'on vient de lire est accompagnée d'une note signée de Fehlmann, père de la fillette et attestant l'absolue exactitude des faits ci-dessus relatés.

12

A RENNES

« On loge à la nuit... »

La personne qui m'adressa la lettre suivante habite Béziers. Mais l'orphelinat dont elle parle est breton.

« Béziers, 15 octobre 1899.

« Monsieur,

« Je veux parler d'une communauté sise à Rennes et ayant pour nom Saint-H.... Je suis entrée dans ce couvent à l'âge de deux ans à peine, aujourd'hui j'en ai trente-cinq. Jusqu'à l'âge de cinq ans, je n'ai rien à dire. Mais à partir de cinq ans, j'ai eu à faire deux boutonnières de chemise par jour ; de six à huit ans, les boutonnières de six chemises ; de huit à dix ans, une chemise entière ; de dix à treize ans, deux chemises.

« C'est à partir de douze ans que les mauvais traitements ont commencé. Quand, par hasard, la tâche imposée n'était pas faite, on nous donnait le fouet jusqu'à trois fois par jour : la première fois avec les mains ; la seconde, avec des orties, à la saison ; la troisième, avec un torchon mouillé. Un jour, on me frappa avec un martinet à sept branches garnies de pointes, si bien que l'on me creva un œil ; je n'en ai plus qu'un.

« Quant à l'instruction, elle est nulle : je suis obligée de faire écrire cette lettre pour que vous puissiez la lire.

« Quand ces grands messieurs les inspecteurs

passent, tout est pour le mieux. Pendant les salutations, la supérieure a eu le temps d'envoyer prévenir aux ateliers de faire filer les petites au-dessous de douze ans pour que les inspecteurs les voient s'amuser. Mais, si ces grands messieurs regardaient les doigts, ils se rendraient compte que les enfants travaillent...

« Une fois, pour une faute, on me mit en cellule pendant quatre jours, au pain et à l'eau, sans literie aucune, dans un local aux carreaux cassés, le 24 décembre. Les bonnes sœurs faisaient sonner des chaînes à la porte, pendant la nuit ; et, comme cette pièce servait d'amphithéâtre aux morts, il y avait de quoi devenir folle...

« A dix-neuf ans, quand j'ai voulu sortir, on m'a remis trois chemises rapiécées, une robe de deux couleurs et deux bonnets, plus une pièce de cent sous dont j'ignorais la valeur, n'ayant jamais vu d'argent. Je demandai : « Comment faudra-t-il faire pour aller me coucher, ce soir ? » On me répondit : « Tu verras sur les enseignes : Ici on loge au mois et à la nuit. »

« Me voilà errante dans la ville de Rennes, avec mon paquet sous le bras et mes cinq francs dans ma poche. Ce qui est arrivé, vous devez le deviner. Je n'avais pas plus d'expérience qu'une enfant de huit ans. Si je vous écris, c'est pour qu'on n'ignore pas en haut comment les choses se passent dans ces maisons, grandes pourvoyeuses des maisons hospitalières que j'ai eu le bonheur d'éviter, grâce à la rencontre d'un honnête homme qui a compris ma situation. »

Séquestrée ?

Autre chose.

« Un jour, poursuit ma correspondante, on me dit que j'avais une sœur que ma mère avait présentée, mais que, comme elle me ressemblait sous le rapport du caractère, on n'en avait pas voulu dans le même couvent : on l'avait mise dans un autre appelé Saint-C...

« A ma sortie, je suis allée voir ma sœur. Les deux premières fois, on me l'a montrée à travers une grille. La troisième, on m'a dit qu'une dame était venue la chercher. Profitant de mon inexpérience, on me berna avec cela, et depuis, toutes les demandes que j'ai faites ont été nulles. Il y a un mois seulement, sur menaces de ma part, on m'a fait savoir, sans plus de détails, que ma sœur était à Quimper, au couvent de la Miséricorde. Remarquez qu'elle doit avoir aujourd'hui de vingt-cinq à vingt-sept ans. Est-elle libre ? Est-elle religieuse ? Je lui ai adressé une lettre personnelle et recommandée qui est restée sans réponse.

« Je suis décidée à poursuivre et à savoir ce qu'est devenue ma pauvre sœur, qui a dû, à mon avis, être circonvenue. Car on a dû lui cacher que j'existais, et que j'avais une bonne situation aujourd'hui.

Marie-Victorine ARNOULT,
dite ROUSSELLE au couvent,
aujourd'hui femme R...,
à Béziers.

LE HAREM DU RÉVÉREND PÈRE

Ceci est le résumé très bref, mais très exact, du récit que me fit une mère de famille, rue Fabert, à Paris. Les orphelines ne figurent qu'au second plan dans cette histoire. On jugera tout de même, j'espère, que j'aurais eu tort de l'écarter, sous prétexte qu'elle était étrangère à mon sujet. Voici :

« En ce temps-là, dit madame R..., mon mari vivait encore. Il était banquier, nous étions riches. J'avais eu chez moi une bonne qui m'avait quittée, avait eu quelques légers démêlés avec la justice et s'était, finalement, réfugiée au couvent de C...-sous-B..., dans les environs de Paris. J'allai l'y voir.

« Quelle ne fut pas ma surprise devant l'empressement et l'obséquiosité avec lesquels je fus reçue par la R. Mère Prieure et par ses religieuses! On m'accablait d'éloges: « Oh ! Madame, nous savons qui vous êtes ! Vous êtes si bonne, si charitable, si généreuse ! » On mettait tout par les places, on bichonnait mes chevaux, on leur prodiguait avoine et caresses, pendant qu'on me servait, au parloir, un déjeuner tel que je n'en avais jamais vu ni sur ma table, ni nulle part.

« Le repas fini, on se confondit en protestations de dévouement, en insinuant que la maison avait de grosses charges, faisait beaucoup de bien, mais n'arrivait que péniblement à joindre les deux bouts. Je compris, et le déjeuner des bonnes sœurs,

12.

si gracieusement offert et si luxueusement servi, me coûta quelques billets bleus.

« La connaissance faite, on n'en resta pas là. Notre maison de campagne était tout près du couvent; on vint m'y faire visite. On attira mes filles chez les religieuses. Un jour, la Prieure me demanda un service. Son Assistante avait une nièce de 16 à 17 ans, qui avait besoin d'un peu de vacances. On me priait de vouloir bien la recevoir chez moi, de lui faire respirer un peu de grand air. J'y consentis. La nièce vint passer quinze jours avec mes filles.

« Tout cela durait depuis assez longtemps, lorsque je reçus une invitation à assister à la fête patronale de la Prieure, à la Sainte-Thérèse. J'y allai. A un moment, la Prieure me prit à part, et sans autre préambule, me déclara que ma fille aînée avait la vocation religieuse et était décidée à prendre le voile dans la maison même.

« Je protestai; rien n'y fit. Ma fille entra au couvent. De chagrin, je tombai malade. On m'offrit alors de prendre un appartement dans la communauté. De cette façon, n'est-ce pas ? on m'aurait tenue à l'œil, et ma bourse aussi. Bien entendu, je remerciai ces dames de leur bonté infinie, mais refusai d'en profiter.

« Ma fille aînée fit ses vœux. Un an après, ma fille cadette la suivait et se faisait novice.

« Il ne m'en restait plus qu'une, de huit ans. Celle-là, je jurai que jamais les bonnes sœurs ne l'auraient. Pour la dégoûter du couvent, je la mis à Sèvres, dans une maison de l'Ordre auquel appartenaient les deux autres. Et mon moyen réussit. A seize ans, elle en avait par-dessus la tête.

« Cependant, le Panama était survenu ; j'étais à
peu près ruinée. A C....-sous-B..., on commença à
faire sentir à mes deux petites religieuses qu'elles
étaient moins intéressantes qu'autrefois.

« D'autre part, l'expérience avait tué en elles les
premiers enthousiasmes et les premières illusions. Elles s'étaient rendu compte de beaucoup
de choses.

«De temps à autre, il passe dans les couvents
ce qu'on appelle un *visiteur*. Il voit, en particulier,
toutes les religieuses, qui peuvent lui dire tout
ce qu'elles ont sur le cœur.

« Le *visiteur* vint à Cs..-sous-B... Ma fille aînée
lui tint à peu près ce langage :

« Mon père, il se passe ici des choses révoltantes.
Nous sommes riches. On nous envoie, quatre
chaque jour, quêter un peu partout. Nous quêtons
chez nos parents, chez les amis de nos parents,
chez les étrangers. Il n'est pas de quêteuse qui
rapporte, le soir, moins de cinquante francs; souvent, nous revenons avec des sommes considérables. Or, la majeure partie de la communauté est
mal nourrie. Seules, quelques privilégiées, la
Prieure et ses « filles de choix » sont soignées
comme des princesses. Où va l'argent ?

« C'est pour nos orphelines qu'on nous envoie
mendier. C'est pour elles que nous tendons la
main et que les personnes charitables croient donner. Que voient-elles de tout ce que nous rapportons ?

« Elles travaillent quatorze heures par jour, à la couture et au blanchissage, car, nous blanchissons le linge des gens de Paris et d'ailleurs. Elles gagnent de belles journées. Joint au produit de nos quêtes, leur gain devrait permettre de leur donner une solide et appétissante nourriture. Eh bien ! consultez les livres ; on ne dépense pas pour chacune d'elles plus de vingt-cinq centimes par jour. Qu'en pensez-vous, mon père ?

« Ce n'est pas tout. Chaque année, un religieux de notre Ordre vient de Rome en France, pour faire, paraît-il, des recherches à la Bibliothèque nationale. Il descend chez nous et y fait des séjours de cinq à six mois. Avec l'argent de nos quêtes et l'argent que gagnent les orphelines, la R. Mère-Prieure a trouvé moyen de lui faire construire, au fond du jardin, un bijou de petit hôtel. Tout y est du dernier confortable, les tapis y sont profonds et, sur de jolies tentures à fond bleu, se détachent de superbes fleurs de lys d'argent.

« Là, le Père coule des jours heureux et des soirées charmantes. La R. Mère-Prieure, de ses pieuses mains, lui roule elle-même les cigarettes qu'il daigne fumer. Quand il sourit, la R. Mère a l'âme en joie. Quand il fronce le sourcil, elle est malade. Une fois, il s'est fâché, je ne sais pour quelle cause; la R. Mère a gardé le lit quinze jours.

« La règle dit que, chaque soir, à huit heures et demie, nous devons être retirées dans nos cellules. Pour le Père, la R. Mère-Prieure laisse la règle de côté. Elle choisit une dizaine d'entre nous, les plus jeunes, celles que, dans le monde, on jugerait les plus jolies. Et nous allons faire salon, avec le Père. Nous chantons, nous rions, nous nous couchons à ses pieds, en odalisques, sur le tapis. Qu'en pensez-vous, mon père ?

« Il y a autre chose encore. Il vient ici de jeunes religieux, toujours de notre Ordre. Quand ils sont là, souvent, on nous appelle, on nous mêle à eux Et il faut faire de la musique, chanter avec eux, et pour eux. Qu'en pensez-vous, mon père ?

« Moi, je constate avec tristesse, qu'on trouve ici toutes les choses..., pas toujours propres, qu'on trouve dans le monde — avec de l'hypocrisie en plus. .. »

« Ce discours, poursuit madame R..., fut répété par le *visiteur* à la Mère-Prieure. Vous imaginez si ma fille fut bien notée, à dater de ce jour ! Elle était au bout de ses vœux de cinq ans. On la fit attendre pour les vœux perpétuels. Elle-même, du reste, n'avait pas envie de garder plus long-temps le voile et la robe de religieuse. Elle s'en alla et revint chez moi, où elle fut reçue à bras ouverts.

« Ma cadette, elle, restait à C....-sous-B... Elle avait vingt-quatre ans, il n'est pas de vexations qu'on ne lui fît subir, à partir du départ de sa sœur. On la faisait mettre à genoux et manger par terre. On l'enfermait, pendant vingt jours de suite, dans un cachot, sans permission de sortir, même pour aller à la chapelle et pour faire ses exercices de dévotion. Elle cousait des boutonnières, et n'avait droit à aucune distraction.

« Au bout de quelque temps, on la transféra dans une autre maison, à la R..., ancienne propriété de Mlle de La B... une de nos amies, qui en a fait cadeau aux religieuses. J'arrivai là, une après-midi, et demandai ma fille. On me répondit qu'il était impossible de la voir. J'insistai, on s'obstina dans le refus. Je me pendis à un cordon de cloche et le secouai avec rage. Une tourière accourut, effarée : « Madame, dit-elle, c'est le grand silence !... » — Le grand silence ? répondis-je, je n'y vois pas d'inconvénients ; mais je veux ma fille.

« Je menaçai de porter plainte et de faire faire un constat d'huissier.

« Enfin, la Prieure consentit ; on fit droit à ma demande. Mon enfant arriva :

— « Mère, me dit-elle, si cela continue, je deviens folle !... »

« Je partis, ce jour-là, sous cette impression. Je savais qu'on torturait affreusement ma fille. Que faire ?

« Le lendemain, une lettre de la Prieure m'arrivait, navrée, disant qu'on redoutait, en effet, que « notre petite sœur » ne perdît la tête.

« Je retournai au couvent. Je parlai de faire venir un médecin, de retirer immédiatement ma fille, après avoir fait constater qu'elle était entrée en bonne santé à la communauté, et que son état actuel était la suite de mauvais traitements qu'elle y avait subis.

« Quinze jours après, la pauvre enfant, miraculeusement guérie, n'était plus accusée de folie ; on lui faisait prononcer ses vœux perpétuels.

« La vérité est qu'on voulait trouver un moyen d'annuler et de supprimer son témoignage. Elle aussi en avait trop vu !... Folle, ce qu'elle aurait dit aurait été sans valeur. On n'avait pas réussi à la faire passer pour telle ; en lui faisant prononcer ses vœux perpétuels, en la liant pour toujours, on pensait aboutir au même résultat.

« En effet, à peine était-elle sortie de la chapelle où elle s'était engagée irrévocablement qu'elle était mise au secret le plus rigoureux.

« Heureusement, mon désespoir me donna du courage. Je trouvai des amis et des complices dans le couvent. Un jour, ma fille s'échappa, par une porte que l'on avait laissée ouverte à son intention, gagna la gare prochaine, prit le train et arriva chez sa mère, dans son costume de religieuse.

« J'étais rentrée en possession de mes deux filles; j'étais heureuse. Mgr d'Hulst, que j'allai voir, me supplia de garder le silence et obtint de Rome la dispense des vœux perpétuels de ma dernière évadée. Je me suis tue, et suis restée catholique. Mais que de canailleries il y a dans la religion !... Qu'en pensez-vous, Monsieur ? »

LA DOUANE ET LE BON DIEU

J'ai reçu d'un correspondant de Genève la lettre que voici :

« Monsieur,

« Il y a un an ou deux, je fis fortuitement la rencontre d'une jeune fille qui se livrait avec ardeur à la prostitution. Je lui demandai si elle était Genevoise ; elle me répondit qu'elle était Française, que sa mère était morte alors qu'elle était tout enfant et qu'on l'avait mise à l'orphelinat de Saint-J..., en Savoie. Je la questionnai sur ce qu'elle avait appris là-dedans.

« Elle me dit qu'elle avait appris à prier et à coudre.

« Je me souvins que, dans certains journaux locaux, divers articles avaient paru, au sujet de la concurrence terrible faite par les couvents qui environnent Genève aux ouvrières du pays. Les douanes suisses avaient reçu l'ordre de surveiller l'entrée des marchandises provenant de ces couvents et de leur appliquer le tarif. J'en parlai à mon orpheline. — Ah ! oui, dit-elle, nous avons bien ri quand ces méchants douaniers ont pris ces mesures ! Notre couvent a loué, à la C. de R. (village genevois à cheval sur la frontière française), une chambre où chaque matin, un certain nombre d'élèves, sous la conduite d'une ou deux sœurs, se rendaient pour travailler. Au préalable, sous nos

vêtements, on nous entourait la taille de dentelles,
broderies, étoffes, etc., nécessaires à nos travaux.
Là, on retirait tout cela, on travaillait, et la mar-
chandise restait en Suisse, sans payer de douane.

— Mais, dis-je, c'est un vol qu'on vous faisait
commettre !

— Pas du tout, riposta la jeune fille, *le Bon Dieu
n'aime pas la douane*, et il n'y a aucun mal à faire
de la contrebande.

« P. L. »

POUR QUARANTE FRANCS

Voici un fait qui rappelle, trait pour trait, l'histoire de ce pauvre bébé de Montpellier, dont les
bonnes sœurs ne voulaient rendre ni le berceau ni
les hardes, sous prétexte que le père leur devait
encore trois ou quatre francs de pension.

On m'a écrit :

« Une pauvre veuve, mère de trois enfants, que
le produit de son travail suffit à peine à élever,
avait placé l'un d'eux, une petite fille de huit ans,
chez les sœurs de la communauté de Saint-Charles,
à Arras, à laquelle elle payait vingt francs par mois.

« On faisait lever l'enfant à cinq heures, ainsi que
toutes ses compagnes, sans distinction d'âge. A six
heures, chaque jour, on les menait à la messe, et à
celles qui s'endormaient les bonnes sœurs vigi-
lantes tiraient vivement les cheveux. Comme nour-

13

riture, des légumes à l'eau et, une fois par semaine seulement, de la viande, à un repas. Jamais de vin, mais cette bière double si indigeste que l'on boit exclusivement dans le Nord.

« L'enfant devait fournir, chaque jour, le travail de deux corps et demi de chemise, ce qui représente cinq ourlets et cinq coutures.

« Depuis deux mois la mère n'avait pu réunir les vingt francs mensuels. On l'avait menacée de lui renvoyer l'enfant, si elle ne continuait pas à acquitter régulièrement le prix de la pension.

« La menace a été mise à exécution et, chose incroyable, si je ne l'affirmais pas de toute ma bonne foi, les religieuses, avant de renvoyer la fillette, lui ont retiré un pauvre maillot de coton, propriété du couvent. L'enfant, mal protégée contre le froid, au cours de ce long voyage, est alitée depuis son retour, avec une forte angine de poitrine. »

A TOURS

Notre-Dame de Charité

Il s'agit ici de l'un de ces « Refuges », qui sont aussi nombreux en France que les Bon-Pasteur, et qui, en somme, poursuivent le même but et fonctionnent dans les mêmes conditions.

M. Charles Vallier a publié dans l'*Aurore*, en octobre 1902, une série de documents sur le *Refuge Notre-Dame de Charité*, de Tours. Une instruction judiciaire a été ouverte ; trois religieuses ont été renvoyées devant le tribunal correctionnel.

Là comme ailleurs, c'est par les anciennes pensionnaires que la vérité a fini par transpirer au dehors.

Pour ce qui est du travail accablant, de la nourriture insuffisante et ignoble, les choses ne sont guère pires, à Tours, que dans les autres maisons dont nous avons parlé. Elles le sont autant, et c'est bien assez.

Mais pour ce qui est des châtiments corporels, des tortures et supplices infligés à leurs victimes, il faut reconnaître que les bonnes sœurs de *Notre-Dame de Charité* se sont montrées d'un raffinement supérieur. Elles ont droit, sans conteste, au premier prix d'excellence.

Il y a la *douche*, fortement recommandée par un prêtre qui était venu prêcher une retraite. On l'administre jusqu'à trois fois par jour, paraît-il, aux pensionnaires trop récalcitrantes. La sœur Marie Sainte-Rose du Sacré-Cœur est passée maîtresse dans l'art de la *douche*, qu'elle additionne de gifles en nombre convenable et d'épithètes harmonieuses : Fumier, gibier de potence, putain, etc... » Il y a le *chemin de la Croix*, que la patiente fait, pieds nus, coiffée d'une couronne d'épines. Il y a la *Croix de langue* : on trace avec la langue vingt, trente, cinquante croix par terre, quelquefois sur le pavé des latrines. Il y a la *scille* : on met la camisole de force à l'orpheline et on lui plonge la tête dans un seau d'eau, jusqu'à l'étouffement. Il y a la *camisole de force* : les sœurs éprouvent un délice rare à contempler les malheureuses enfants, les bras derrière le dos, essayant de manger quand même, comme les chiens. Il y a la *cellule*, la *cave*, le *caveau*, la *coupe des cheveux*. Dans le *caveau*, l'on couche sur la paillasse où sont étendues, après leur dernier soupir, toutes les bonnes sœurs et pensionnaires qui décèdent dans l'établissement. C'est la paillasse de la mort.

Il y a aussi la *confession générale et publique, à l'heure de la mort*, pour des jeunes filles de vingt ans, et parfois des enfants de huit ans, qui est bien l'une des choses les plus froidement féroces qu'aient pu imaginer les bourreaux.

Le Procès

Le 18 juin et jours suivants, la sœur Marie-Sainte-Rose et les deux surveillantes, Madeleine Porcher et Françoise Vichard, ont comparu devant le tribunal correctionnel de Tours.

Soixante-neuf témoins avaient été cités. Voici, d'après la *Dépêche de Tours* et tous les journaux, les plus intéressantes de leurs dépositions :

LES AVEUX DE SŒUR SAINTE-ROSE

Naturellement, la sœur Sainte-Rose a nié tout ce qu'elle a pu. Sur certains points, force lui a été cependant de confesser la vérité.

D. — Vous avez tiré vos pensionnaires par les cheveux et vous leur avez cogné la tête contre le sol ?

R. — Jamais, monsieur, je les forçais à baisser la tête, mais je ne les cognais pas !

D. — N'avez-vous pas frappé avec un martinet muni de petites cordes nouées dit « discipline » certaines pensionnaires ?

R. — C'est inexact.

D. — Et les croix de langue ? Cette punition offrait un caractère particulièrement répréhensible car elle était d'une saleté répugnante. Reconnaissez-vous l'avoir ordonnée ?

R. — Oui, de toutes petites croix qu'on pouvait à peine voir.

D. — Combien en faisiez-vous faire ?

R. — De une à cinq et, dans les cas graves, jusqu'à dix au maximum.

D. — N'avez-vous pas débarbouillé des jeunes filles avec de la bouse de vache ?

R. — Si, deux fois, parce qu'elles avaient tenu des conversations obscènes. On leur en mettait large comme une pièce de dix sous sur les joues et sur le front.

D. — C'était absolument malpropre, et si vous ne pouviez pas venir à bout de vos pensionnaires, il fallait prévenir la supérieure.

Deux camisoles de force ont été employées au Refuge : l'une à deux manches et l'autre à une manche ?

R. — Je n'en ai jamais vu qu'une, celle qui a été saisie par le parquet.

D. — En ce qui concerne les chevelures coupées, qu'avez-vous à dire ?

R. — Une fois seulement j'ai coupé les cheveux d'une pensionnaire ; les autres fois je n'ai coupé qu'une simple mèche. »

C'est gentil, n'est-ce pas ? Les témoins ont rafraîchi les souvenirs de sœur Sainte-Rose, qui n'étaient pas très précis. Ils les ont aussi complétés.

Mlle ANGÈLE JEAN

Mlle Angèle Jean est l'une des principales victimes appelées à déposer.

Elle est infirme, elle a une jambe de bois. Elle a raconté des choses révoltantes qui ont produit une énorme impression sur l'auditoire :

— J'ai été enfermée, dit-elle, plusieurs fois dans le caveau au linge sale et j'y ai couché une fois. C'est là que j'ai attrapé mes douleurs. Quand on trouvait que je ne « rendais pas assez de travail », on me mettait la camisole de force, avec les mains derrière le dos. Je faisais pourtant tout ce que je pouvais et j'étais bien souffrante.

— Vous a-t-on fait autre chose ?

— La sœur Sainte-Rose m'a fait donner une couche par Marie Vichard et Madeleine Porcher m'a asséné des coups de corde sur les reins par dessus ma chemise.

Sœur Sainte-Françoise m'a trempé la tête jusqu'au cou dans un baquet.

— Pendant combien de temps ?

— Une demi-heure.

— Comment, une demi-heure ?

— On me faisait mettre la tête dans l'eau, on me retirait, puis on me faisait recommencer et ainsi pendant une demi-heure ! J'ai eu aussi la tête rasée avec des ciseaux. On ne m'avait laissé que trois mèches sur le devant de la tête.

Mlle VERRIÈRE. — LA CAMISOLE DE FORCE. — LA PAILLASSE DES MORTES.

Mlle Verrière a été enfermée avec la camisole de force dans la cellule ; on l'a débarbouillée avec de la bouse de vache parce qu'elle avait chanté, on l'a mise au pain sec pendant quarante jours parce que son travail était considéré comme insuffisant.

Un jour on lui fit faire trois croix de langue sur le siège des cabinets. A plusieurs reprises elle eut la tête plongée jusqu'à suffocation dans le seau aux eaux grasses. Elle eut le visage barbouillé avec des escargots écrasés.

Enfin, après avoir reçu des douches on l'a enfermée dans une cave où il y avait une paillasse sur laquelle des mortes avaient été déposées.

Elle a couché toute une nuit sur cette paillasse encore humide de déjections.

La religieuse reconnaît la bouse de vache. Elle ajoute qu'elle a coupé une fois les cheveux à Mlle Verrière, parce qu'elle avait voulu sauter les murs.

TARTINE DE BOUSE DE VACHE

Mme Gordien a vu maltraiter plusieurs de ses camarades. Elle a fait des croix de langue. Un jour que sa langue saignait, la sœur Sainte-Rose l'a frappée pour l'obliger à continuer sa punition.

On l'a enfermée dans un placard aux ordures, on l'a fait coucher au grenier et on lui a fait manger de la bouse de vache sur une tartine de pain, sur l'ordre de sœur Sainte-Rose.

Un jour qu'elle avait sali les cabinets, on l'a débarbouillée avec le torchon qui servait à nettoyer ce local.

Mme Gordien ajoute que sa sœur est morte au Refuge faute de soins.

Mlle HÉRAUD. — MISE EN CROIX. — CRACHATS
DE POITRINAIRES.

Mlle Héraud est restée au Refuge pendant trois mois. Ce fut assez pour qu'elle connût toutes les rigueurs du régime auquel les sœurs soumettaient leurs pensionnaires.

Pour avoir dit qu'un curé avait pris sa virginité on la déshabilla, on l'attacha à une croix dans la cour, on lui jeta de l'eau sur le corps et on la laissa dans cette position de neuf heures à onze heures du soir.

Un autre jour, on lui fit boire un plein plat d'eau de vaisselle, en lui disant que si elle n'obéissait pas, on lui couperait les cheveux.

Mlle Héraud à deux ou trois reprises, fut obligée d'avaler des crachats de poitrinaire.

Pour avoir dit à la sœur Sainte-Rose qu'elle l'embêtait, celle-ci lui coupa une mèche de cheveux et lui faire faire vingt-cinq croix de langue sur le siège des cabinets.

LE BAISEMENT DES PIEDS

Mme Léa Boulay, le jour de sa première communion, fit le chemin de croix, pieds nus, une couronne d'épines sur la tête. Elle a dû embrasser les pieds de toutes ses compagnes, même de celles qui travaillaient à l'étable.

Mme AUBRY. — LA SEILLE. — LA DOUCHE. — « FUMIER, GIBIER DE POTENCE ». — LA MÈRE « TAPE-DUR ».

C'est sur la plainte de Mme Aubry, coloriste à Paris, que le parquet de Tours ouvrit une instruction contre le Refuge.

Elle a passé quinze mois dans la maison.

Parce qu'elle ne travaillait pas, on voulut lui mettre un bonnet ridicule. Comme elle refusait, on l'entraîna dans un passage, on lui mit la camisole de force, on la tira par les cheveux, on alla chercher une seille d'eau et on voulut lui tremper la tête dedans.

Parce qu'elle refusait toujours, on la déshabilla et on lui jeta des seaux d'eau sur le corps. On

13.

l'essuya, en lui donnant des coups de poing et on la fit descendre dans une cave humide.

Presque tous les jours, on lui faisait subir de mauvais traitements. On la mettait en cellule parce qu'elle ne voulait pas travailler et on lui coupait les cheveux parce que son bonnet tombait de sa tête.

D. — Pourquoi refusiez-vous de travailler ?

R. — Parce que je voulais m'en aller.

Mme, Aubry a ajouté qu'on lui a trempé la tête dans l'eau, qu'on lui a donné la douche étant indisposée, qu'on l'a giflée violemment et qu'on lui a fait faire des croix de langue dans les cabinets.

D. — Qu'aviez-vous fait ?

R. — J'avais chanté.

D. — Des chansons convenables ?

R. — Oui, monsieur, mais pas des cantiques ! (Rires).

Le témoin a vu Mlle Verrière subir des mauvais traitements.

Mme Aubry a vu violenter Mlle Jean qui n'arrivait pas à faire sa tâche.

D. — Avait-elle des douleurs ?

R. Oui, monsieur, elle était toujours dans les caves. On lui a pincé le nez pour lui faire avaler de force ce qu'elle ne voulait pas manger.

Fernande Dubois, Emilie Montier et d'autres, ont été maltraitées. Pour avoir entonné des refrains du dehors, j'ai eu la bouse de vache.

D. — Pourquoi avez-vous été renvoyée ?

R. — Parce que j'avais communié sans m'être

confessée. La veille de mon départ on m'a rouée de coups. Une fois un prédicateur nous traitait de fumier et de gibier de potence, ajoutant : « Qui sait si l'une de vous ne crèvera pas cette nuit d'une sale maladie » ? Je lui fis des grimaces. On me mit la camisole de force et je reçus des douches. Quand une jeune fille mourait, on appelait ses camarades et là on disait à l'agonisante qu'il fallait qu'elle rappelle au ciel telle ou telle pensionnaire qui ne faisait pas sa tâche.

Une enfant est devenue un jour à moitié folle, à la suite des histoires effrayantes qu'on lui racontait.

M. le substitut Richard. — Comment appelait-on la sœur Sainte-Rose ?

R. — La Terreur et la mère Tape-Dur ! (Rires).

LE COMMERCE DES CHEVELURES

Deux employés de M. Bodin, coiffeur à Tours, ont vu leur patron acheter des cheveux coupés qu'on lui apportait du Refuge.

M. Faureau a assisté une douzaine de fois à ces sortes d'achat. M. Gauthier a vu quarante fois le même spectacle.

La sœur Sainte-Rose n'a pas nié qu'elle sût très bien que ces cheveux ainsi livrés par le couvent, étaient vendus.

TROIS MOIS AU CAVEAU. — L'INSPECTION.

Mlle Eugénie Fribourg a couché, trois mois durant, dans le caveau au linge sale.

Mme Charpagne, née Schmit, a révélé comment se faisait l'inspection, au Refuge.

Quand l'inspecteur du travail se présentait on le faisait attendre à la porte et on profitait de cet instant d'attente pour accrocher les tableaux qui concernent la réglementation du travail dans les ateliers ; il était, du reste, défendu aux pensionnaires de les lire, et on décrochait ces tableaux aussitôt après le départ de l'inspecteur.

LES LENTILLES ET LES CHOUX. — LA DOUCHE MORTELLE.

Mlle Berthe Savary, journalière à Tours, a eu des douches parce qu'elle n'aimait pas les lentilles. On lui a mis une fois la camisole de force pour n'avoir pas accompli complètement sa tâche et elle a dû faire des croix de langue sur le siège des cabinets.

Ayant jeté dans un baquet des choux dont elle ne voulait pas, on les retira du récipient et on l'obligea à les manger.

Une nommée Blanche, ayant reçu une douche étant indisposée, succomba quelques jours après à l'infirmerie.

L'HÉRITAGE DE Mme LEHOUX.

Les faits racontés par Mme Lehoux sont anciens.

Une sœur Saint-Placide lui cogna un jour la tête sur le sol et lui posa ses genoux sur le cou. Quand elle se releva, elle était couverte de contusions.

Comme elle avait un héritage à toucher, on ne voulait plus la laisser sortir.

M. le substitut Richard. — Avez-vous fait des croix de langue ?

R. — Oui, monsieur, dont deux fois sur le siège des cabinets pour avoir causé à la chapelle.

M. le substitut Richard. — Que faisait-on aux enfants atteintes d'une incontinence d'urine ?

R. — On leur mettait la camisole de force et on les plaçait dans la cellule.

D. — Le témoin a-t-il vu un jour ce qu'on a fait à une nommée Hermance ?

R. — Oui, on l'a mise sur l' « âne » (une sorte d'escabeau), avec des écriteaux ridicules et de la bouse de vache, je crois, sur la figure.

D. — Que faisait-on aux pensionnaires qui brisaient une aiguille ?

R. — On leur faisait baiser la terre.

D. — Qu'est devenu l'héritage du témoin ?

R. — J'avais touché 1.200 fr. que les sœurs avaient conservés. Au cours de l'instruction, le 23 mars dernier, mon mari alla voir la supérieure du couvent et celle-ci lui remit 250 fr. pour solde de tout compte.

LA CONFESSION FORCÉE. — AMITIÉS PARTICULIÈRES. — LA MENACE DE LA MORT.

A la quatrième audience, Mme Aubry, qui avait déjà été entendue, a reparu à la barre.

On l'a forcée, dit-elle, sous peine d'être punie, d'aller se confesser.

Sœur Sainte-Rose l'a empêchée d'écrire à son oncle.

Elle proteste contre ce que l'on a dit de ses « amitiés particulières ».

Comme elle menaçait la religieuse de la police, celle-ci lui répondit : « Qui sait si vous atteindrez vos vingt et un ans ! »

— Je me demandais parfois, poursuit-elle, si l'on ne me tuerait pas. On nous menaçait toujours de la mort.

Un jour que cinq pensionnaires avaient la camisole de force, Madeleine Porcher alla chercher de la bouse de vache et leur en barbouilla le visage.

Elle a vu Mlle Jean dans la cour, avec son vase de nuit sur la tête.

La sœur Sainte-Rose prenait plaisir à voir souffrir les autres. A propos d' « amitiés particulières », c'est surtout les religieuses qui en avaient. Elles s'embrassaient dans les coins ! (Rires.)

En terminant, Mme Aubry a déclaré qu'elle était si faible quand elle est sortie du Refuge que sa mère a failli se trouver mal en l'apercevant.

Arrêtons-nous là ; voilà qui suffit, n'est-ce pas?

Ce livre aura paru quand nous connaîtrons la sentence des juges de Tours.

Que sera cette sentence ?

Peu importe.

Encore une fois, c'est à l'opinion publique que s'adresse ce dossier.

Prostituées

PROSTITUÉES

M. Turinaz a démontré comment au Bon-Pasteur de Nancy, les jeunes filles se pervertissaient, en confectionnant du linge de courtisanes. Il a démontré comment ces malheureuses, l'esprit exalté de rêves malsains, jetées par les religieuses sur le pavé, après des années de labeur, sans argent, sans métier, tombent fatalement à la prostitution.

Les confidences des victimes et les récits des témoins sont venus confirmer les accusations de l'évêque.

Voici d'autres dépositions :

D'une ville du Nord, on m'écrit ce détail, caractéristique entre mille :

« Les religieuses, en général, excusent tout, pourvu qu'on ne leur réponde pas. Acceptez tous les reproches, même les plus injustes, mais ne leur répondez jamais ; il n'y a pas plus sourdes qu'elles et plus aveugles, si vous êtes polie.

« J'ai connu une *jeune fille qui avait un vice et s'amusait avec deux de ses compagnes* ; les religieuses le surent, mais restèrent sourdes, aveugles et invincibles dans leur tendresse à son égard ; elle était si polie !

« *Elle s'est faite religieuse.* Ces dames étaient si bonnes ! Elle ne voulait plus les quitter. »

On m'écrit de V..., dans le Midi, que la jeunesse dorée de la ville, les officiers et sous-officiers de la garnison, recrutent leurs maîtresses parmi les pauvres filles qui sortent des orphelinats. « J'en connais une, dit mon correspondant, qui s'est donnée à un comédien, pour un souper, un foulard, et le coucher, bien entendu. Elle était à jeun depuis longtemps, et sans domicile. Une autre est chanteuse des rues... »

Dans une ville de l'Est, une fillette de quatorze ans, échappée d'un couvent, se présentait, l'été dernier, à l'hôpital civil. Elle se plaignait d'une faiblesse générale dans le reins et dans les jambes. Le diagnostic des médecins hésitait. Au bout de quelque temps, l'examen fortuit de son linge révéla qu'elle souffrait d'une maladie qu'une femme ne contracte pas, généralement, sans quèlque collaboration masculine.

Mais, ce sont là des faits isolés. Si l'on pouvait consulter les dossiers de la police des mœurs, que ne découvrirait-on pas, hélas ! dans cet ordre de preuves accablantes pour les orphelinats religieux!

Dans son admirable rapport au Sénat, en 1882, M. Théophile Roussel a donné le résultat de quelques enquêtes partielles et fort incomplètes encore, à Boulogne-sur-Mer, à Troyes et ailleurs. « On a pu noter, conclut-il, que la plupart des mineures inscrites dans l'Aube sont orphelines et que plusieurs de celles du Pas-de-Calais ont été élevées dans des maisons du Bon-Pasteur ou des orphelinats. Ces deux points sont notés dans d'autres départements. Les dix mineures inscrites dans la Charente-Inférieure sont toutes orphelines, et six d'entre elles ont été élevées dans des orphelinats. »

A la date du 18 février 1882, M. Delasalle, préfet de la Marne, n'avait pu encore mener à bonne fin l'enquête entreprise sur la prostitution dans son département. Il communiquait, cependant, certains résultats à M. Th. Roussel. Sur 234 filles publiques, inscrites sur le contrôle de la police, 9 sortaient d'orphelinats divers et 14 avaient passé par le Bon-Pasteur. Celles qui avaient été élevées dans quelque *pension* ou *école* cléricale n'étaient pas dénombrées. Mais, il était établi que les orphelinats religieux fournissaient, à eux seuls, 10 0/0 du contingent officiel, sans parler de la prostitution clandestine. C'est un chiffre.

Fabrique de Pauvres

FABRIQUE DE PAUVRES

« A l'orphelinat, disent les bonnes sœurs, nous sauvons doublement la vie des enfants pauvres. Nous leur assurons, d'abord, le pain et les soins nécessaires. Nous leur mettons ensuite en mains un métier pour l'avenir. »

On a vu par les récits qui précèdent quel pain mangent les infortunées.

On s'est rendu compte aussi que, sauf de rares exceptions, elles n'apprennent et ne peuvent apprendre aucun métier. On les spécialise immédiatement, on en fait des machines pour la commodité de l'exploitation. Il y a de malheureuses jeunes filles qui n'ont fait, pendant dix ans, qu'assembler des manches de chemise et coudre des boutonnières. Elles sortent de là incapables de gagner leur vie. Mais, pendant leur séjour dans la sainte maison, elles lui ont rapporté de jolis bénéfices.

Et le plus triste, c'est qu'il y a au dehors, toute une armée d'exploiteurs dont les religieuses ne sont que les complices. Dans le commerce parisien, dans le commerce de province, c'est aux orphelines qu'on fait confectionner pour à peu près rien les marchandises sur lesquelles on réalise ensuite des gains énormes. Il y a là une Ligue d'hommes de proie, une Ligue d'hommes d'argent, plus redoutable peut-être que les bonnes sœurs elles-mêmes.

On me l'a dénoncée de tous les côtés. Dès le

début de ma campagne dans l'*Aurore*, une femme dont la haute compétence en la matière est connue de tous, Mme d'Abbadie d'Arrast, m'écrivait :

« Les Bons Pasteurs ne sont pas les seuls établissements où l'on profite amplement du travail excessif des jeunes mineures. Il est admis que là où l'on peut grouper dans un atelier soixante jeunes filles, on fait plus que de couvrir les frais. Ce sont des abus connus *dont de grandes maisons profitent. Il y a impunité par suite des intérêts en jeu et de la duperie du public...* »

Un grand commerçant du Midi me fournit des détails précis :

« Nous faisons faire, dit-il, dans les couvents des articles de lingerie à des prix dérisoires de bon marché. Une chemise, toute cousue à la main, se paie trente centimes; une camisole avec petits plis, cinquante centimes; tout le reste en proportion, c'est-à-dire, à des prix tels qu'il nous est impossible d'employer des ouvrières en ville. Aussi, souvent, voyons-nous des femmes et des jeunes filles venir nous demander du travail, et toujours nous sommes obligés de leur en refuser, parce qu'elles n'y gagneraient absolument rien.

« Vous me direz : Pourquoi ne leur donnez-vous pas vos commandes, au lieu de les donner aux couvents ?

« Je vous répondrai : Si moi, républicain, je ne m'adresse pas aux couvents, mon voisin clérical le fera, et pourra lutter avantageusement contre moi. Si vous les supprimez, nous sommes placés sur le même terrain. Force nous sera de nous adresser à la main-d'œuvre mieux payée, aux femmes et aux jeunes filles que nous rebutons tous les jours, et que nous voyons ensuite faire la vie et se livrer à la prostitution, faute de travail.

« C'est aux députés à prendre cette initiative. Nous menons bien le bon combat, nous autres; mais on n'est pas toujours libre de le faire comme on voudrait. Déjà ici, où l'élément clérical forme un bon noyau, j'ai été obligé de cesser la lutte contre le cléricalisme, sous peine de fermer mes magasins... »

Sur la façon dont les bonnes sœurs enseignent un métier aux orphelines, mon correspondant ajoute :

« Souvent, il s'est présenté chez moi des ouvrières, sortant des couvents. Mais, si elles savent coudre, elles ne savent pas couper. Les sœurs se réservent la coupe; comme cela, elles ne craignent pas la concurrence de celles qui, à leur majorité, ne veulent pas rester dans leurs maisons... »

J. R.

Avec l'autorité de son expérience, M. le docteur Napias, longtemps inspecteur général, ancien directeur de l'*Assistance publique*, résume ainsi la situation :

« Le directeur de l'Assistance et de l'Hygiène

publiques — M. Henri Monod, — disait en parlant des orphelinats privés : « Les uns sont des institutions de bienfaisance où l'entretien de chaque enfant impose finalement à l'œuvre une charge, où l'instruction primaire et professionnelle est utilement donnée, où le bien-être est suffisant, où le travail est organisé en vue de l'intérêt de l'enfant...; les autres n'ont de la charité que l'étiquette. Dans ces derniers, l'instruction est à peu près nulle, le régime matériel défectueux, le travail indûment prolongé et *spécialisé à outrance* de manière à ce que l'apparente bonne action soit une bonne affaire. »

« C'est en effet grâce à la spéculation à outrance que l'affaire est bonne et rémunératrice. Il y a, dans ce genre, des exemples bien curieux et certains orphelinats fondés dans des établissements industriels par des patrons ingénieux qui installent dans leur usine ou leur manufacture quelques religieuses, et y créent charitablement un orphelinat, occupant des jeunes filles à un travail mécanique qui ne leur apprend rien, leur faisant espérer que plus tard, après vingt et un ans, elles resteront à l'établissement comme ouvrières rétribuées, condition qui se réalise rarement et que l'industriel n'a aucun intérêt à réaliser puisqu'elle le conduirait à remplacer par des ouvrières payées des ouvrières à peu près gratuites.

« Mais même en laissant de côté ces faits exceptionnels, même dans le cas des orphelinats qui ont été fondés dans un but charitable réel, mais avec des ressources insuffisantes, le travail devenu tout de suite une nécessité vitale se spécialise et cesse d'être pour l'orpheline un enseignement utile.

« On sait que c'est grâce à cette spécialisation dans les orphelinats que la plupart des articles de lingerie peuvent être vendus dans les grands magasins à des prix très bas et suffisamment rémunérateurs pour qu'il s'y fasse, dit-on, de grosses fortunes.

« Or, voici la conséquence de cette situation : les filles des orphelinats d'une ville quelconque, X..., font de la lingerie, de la couture, pour les grands magasins; elles font aussi les robes, les broderies, les dentelles; leur clientèle est nombreuse et choisie : il est de bon ton à X... de se fournir à l'orphelinat : on paie moins cher et on a cette satisfaction de faire une bonne action et de faire vivre une bonne œuvre. On ne se dit pas que les filles des orphelinats sont assez mal nourries, souvent mal couchées, qu'elles sortent de là sans métier valable, si bien que les dames de X... n'en veulent pas, la plupart du temps, comme femmes de chambre quand elles sont sorties et qu'elles tournent mal, comme chacun sait, et que pendant que ces pauvres filles travaillent ainsi, du matin au soir, sans salaire, sans espoir souvent d'un pécule à la sortie, spécialisées au point de ne pouvoir gagner leur pain, elles font la besogne que pourraient faire, que devraient faire à X... beaucoup de pauvres femmes mariées, mères de famille, qui privées de ce travail et de ce salaire qui va à l'orphelinat, sont à la charge du bureau de bienfaisance; si bien que les orphelinats de X...

mettent sur le pavé des pauvresses, qui sont vouées à ne trouver aucun travail, puisque les filles qui leur succèdent à l'orphelinat continuent à faire tout le travail demandé, et qu'elles n'ont plus guère d'autres ressources que la mauvaise conduite, qui augmentera le nombre des enfants assistés du département, et le bureau de bienfaisance comme les autres femmes que l'orphelinat prive de travail. »

M. Napias conclut que les orphelinats sont vraiment des « fabriques de pauvres ».

Orphelinats de Garçons

14.

LE ROMAN DE LOUIS BLANC

Ce n'est pas seulement sur les petites filles que les orphelinats exercent leur exploitation. Les garçons leur fournissent aussi des victimes.

J'en ai vu un qui a aujourd'hui vingt-trois ans. Il m'a conté sa vie, par lettre et de vive voix. C'est le plus palpitant et le plus lamentable des romans. En lisant et en écoutant ce jeune homme, j'ai eu une fois de plus la vision précise de ce que les religieuses — avec la complicité de l'Assistance publique — font des pauvres enfants qu'on remet, sans défense, entre leurs mains. Je dis avec la complicité de l'Assistance parce que beaucoup de ces orphelinats dépendent des hospices civils.

Voici d'abord quelques extraits de l'une des lettres de mon orphelin. Son récit est un peu sans suite et morcelé. Il en a conscience, il sait qu'on ne lui a guère appris à classer ses idées pour les écrire, et c'est là l'un des plus amers reproches qu'il fasse à ceux qui l'ont exploité.

« Ce n'est pas pour moi que je parle, dit-il, puisque je ne souffre plus de leurs mauvais traitements, mais pour ceux qui souffrent et qui souffriront encore. La souffrance physique est bien cruelle, mais plus cruelle encore est la souffrance morale. Je ne rêvais que de m'instruire, l'Administration faisait tout son possible pour m'en empêcher. J'en souffrirai toujours. D'un tempérament chétif, que la mauvaise nourriture et les mauvais traitements ont rendu plus chétif, je suis incapable d'un travail manuel et je n'ai pas assez d'instruction pour gagner ma vie autrement... »

Aux champs

C'est dans les deux villes de Pithiviers et d'Orléans, pas bien loin de Paris, que Louis Blanc fut successivement placé. Il y a dans ces maisons des enfants de quatre ans à peine. Voici comment on les traite :

« On est divisé en deux équipes; on va aux champs à tour de rôle, de deux jours l'un, chez les paysans.

« Comme nourriture, on a, le matin, au réveil, de 30 à 35 centilitres de bouillon et 300 grammes de pain pour toute la journée. A midi, on apporte du bœuf d'une répugnance extraordinaire. On l'a fait bouillir le plus longtemps possible pour le bouillon des malades.

« Quand on ne travaille pas trop loin de la ville, on revient pour le déjeuner, et on retourne aux champs à une heure, jusqu'à cinq heures en hiver, jusqu'à six heures en été. Le soir, on est moulu, éreinté. C'est alors qu'on a deux heures de classe, après avoir eu vingt minutes pour dîner aussi bien qu'on a déjeuné. Vous pensez si on est en train d'étudier ! Il y en a qui sortent, à douze ou treize ans, sans savoir signer leur nom.

« Pendant qu'une équipe est en classe, l'autre

astique les baignoires des malades dans les salles de bains et fait les lits dans les dortoirs, lave la vaisselle, nettoie les fosses d'aisance, etc., etc.

La double boucle

« Si les gardiens ne sont pas contents de la conduite et du travail, ils punissent. On est mis au pain sec, ou enfermé au cachot. Une chose horrible, c'est la camisole de force. On vous conduit dans une pièce humide et noire, et là on vous attache les bras derrière le dos avec une courroie; on vous fixe les deux pieds à une barre avec des boucles de fer, et on vous colle la tête au mur avec un cercle de fer passé autour du front. On reste ainsi des journées entières, meurtri, mourant de faim, et ensuite il faut aller aux champs, comme si rien n'était.

L'apprentissage

« A onze ou douze ans, on commence à espérer. On se dit : « Je vais être mis en apprentissage; je serai libre, je souffrirai moins. » Hélas ! voici ce qui se passe.

« Un patron vient, souvent de loin, pour chercher un apprenti. Il l'emmène. Aussitôt arrivé chez lui, il doit renvoyer les vêtements de l'orphelin, qu'on lui livre nu, comme on vend un petit chien ou un petit cochon. Le patron doit l'entretenir, le vêtir, le nourrir, le blanchir, comme si c'était son propre enfant. Mais on ne s'occupe pas de savoir s'il fait son devoir.

« Vous pensez vous-même ce que c'est que ces patrons ! S'ils prennent des apprentis dans de telles conditions, c'est qu'ils n'en trouvent pas chez eux, parce qu'ils sont connus pour des brutes, des ivrognes, de méchants hommes à qui pas un père et pas une mère ne voudrait confier son enfant.

« L'apprenti est donc chez le patron pour cinq ans. Il est habitué au travail. Il travaillera jusqu'à dix heures, onze heures de la nuit. De cette façon, le mercenaire rapporte tout de suite un bénéfice à son exploiteur.

« Moi, monsieur, j'ai été cinq ans ainsi. J'ai souffert, privé de nourriture et de bons soins. Il y avait avec moi deux camarades, placés par l'Assistance d'Orléans, nous étions chez un vannier. Bien des fois, nous nous sommes plaints à l'Administration, mais toujours inutilement. Enfin je suis tombé malade ; je suis parti pour Orléans, sans argent. On m'a soigné six mois à l'hôpital : j'avais un rhumatisme articulaire. J'ai écrit à Pithiviers, où j'avais été élevé, aux religieuses, pour demander un secours. On ne m'a pas répondu.

« Quand j'ai été guéri, j'aurais pu ne pas retourner chez mon patron. Mais je préférais encore souffrir chez cette brute plutôt que de rester à l'orphelinat d'Orléans, où je crevais de faim. Chez notre vannier, nous étions mal nourris sans doute ; nous en avions du moins suffisamment.

« Mais à mesure qu'on grandit et qu'on commence

à réfléchir, quel supplice ! On gagne la journée
d'un ouvrier : jamais le patron ne vous donne
d'argent, à peine quelques sous de temps en temps
pour du tabac. Les jeunes gens de notre âge sont
bien habillés, ils ont de l'argent dans leur poche.
Et, seul, on est en loques, on est sale en travaillant tout son saoûl.

Oh ! alors, monsieur Guinaudeau, comprenez-
vous ce qu'on souffre ! Pas de plaisirs, pas même
le nécessaire ! Le patron vous dit : « Je mets votre
argent de côté ; vous l'aurez à vingt et un ans. » Ce
n'est pas vrai. A vingt et un ans, on vous fait des
comptes établissant que rien ne vous est dû, et on
ne peut rien, il faut s'incliner. C'est abominable.
Et ils s'étonnent qu'on se révolte ! Ils s'étonnent
qu'on vole, qu'on rêve de tuer ! Ah ! les lâches !
S'ils ne répandaient pas tant de crapulerie sur un
pauvre être humain, il y aurait moins de crimes !... »

Le saint homme de Dieu

Ici s'arrête la narration écrite de Louis Blanc. Ce
qui suit, il est venu me le raconter, à l'*Aurore*.

« Un jour, dit-il, je n'y pouvais plus tenir. Je me
suis enfui de chez mon vannier, la bourse absolument vide. J'ai erré à l'aventure, je suis allé jusqu'à
Vendôme. Puis je suis venu à Paris.

« Pas de pain, pas de gîte. Un soir, je demandai à
un gardien de la paix du onzième arrondissement
l'adresse d'un asile de nuit. Il me regarda. Il vit

que j'étais, bien jeune et bien malheureux. Il fut bon. Il me conduisit au commissaire, qui me donna une carte pour M. Rollet.

« Jamais je n'avais été aussi bien que chez M. Rollet. On avait vingt-cinq sous par jour!... Mais je ne pouvais pas rester là toujours.

« Il venait un prêtre dans la maison. Il avait besoin d'un domestique. M. Rollet lui dit, en me montrant : « Tenez, voilà un garçon qui ferait votre affaire. Vous en feriez quelque chose. » Le prêtre m'emmena chez lui, à quelques lieues de Paris, en Seine-et-Oise.

« Il n'était pas curé de l'endroit. Il vivait dans une grande maison qui avait un grand jardin. Il me mit au jardinage et à tous les métiers. On était en décembre. A quatre heures, je me levais. Ensuite je servais la messe, puis, en attendant qu'il fît jour, j'allais au grenier éplucher des oignons et des salades. Le jour venu, au jardin. Je gelais, j'avais des engelures crevassées jusqu'aux os ; mais, défense d'entrer dans la maison pour m'approcher du feu. Un jour, j'avais fait je ne sais quoi, l'abbé descendit et me donna une gifle si fort qu'il m'étendit par terre. D'autres fois, il me donnait des coups de bréviaire sur la tête.

« On ne l'aimait pas dans le village et les enfants venaient chanter devant sa porte. Une fois, il me commanda d'en prendre un, qu'il cacha dans sa cave. Le père de cet enfant s'en prit à moi. Un soir que j'étais sorti, il m'asséna un tel coup de trique qu'il faillit me casser les reins.

« Je mangeais du pain noir, du pain de chien, et ne buvais que de l'eau ou du mauvais cidre.

« Le vent était chez lui dans ma chambre; je cassais la glace pour me laver. Alors je trouvai un moyen d'avoir un peu chaud. Il y avait une chapelle bien close, à côté de la chambre de l'abbé. Le soir, je prenais mon matelas et j'allais me coucher dans la chapelle.

« Mais une nuit, j'eus besoin de sortir. J'étais près de la porte lorsque je me heurtai à quelque chose dans le corridor. Quelqu'un s'enfuyait en criant : Au voleur ! Effrayé, je tombai sur le parquet. En même temps, l'abbé sortit de chez lui, une bougie à la main. Je vis une grosse femme en chemise qui s'était réfugiée dans son cabinet de toilette.

« Je fus roué de coups et, quelques jours après, je me sauvai et revins chez M. Rollet. J'avais encore souffert et travaillé pendant trois mois pour rien. »

Louis Blanc a conté d'autres aventures encore. Mais il faut m'arrêter.

Aujourd'hui Louis Blanc est marié avec une orpheline comme lui qu'il rencontra une nuit, abandonnée et tout en larmes sur un banc, près de la gare de l'Est. Sa femme a encore une sœur à l'orphelinat de R. ; lui, a la sienne à l'orphelinat de P.

« Quand elles sortiront, elles seront moins malheureuses que nous, dit-il. Elles viendront chez nous. »

A DOMOIS

Un enfant disparu

Le 16 octobre 1899, paraissait dans l'*Aurore* l'entrefilet suivant :

« Il y a deux ans environ, un ouvrier de Ménilmontant, Chauchefoin, 11, rue Houdart, restait veuf avec trois enfants, dont deux garçons et une fillette.

« Il fit des démarches pour placer ses orphelins aux *Pupilles de la Seine*. Mais, avant qu'il eût reçu une réponse, on travailla d'un autre côté. Un prêtre, directeur de l'*OEuvre des enfants pauvres et orphelins de Paris*, 74, rue de l'Abbé-Groult, à Vaugirard, réussit à se faire confier les trois petits. La fillette fut placée à Paris, je crois, et les deux garçons envoyés au loin, l'un à Dijon, l'autre à Domois, à six kilomètres de cette ville. A peine étaient-ils partis que le père recevait un avis l'informant qu'ils étaient admis aux *Pupilles de la Seine*.

« Il regrette profondément aujourd'hui de n'avoir pas eu la patience d'attendre cette réponse. Depuis quatre mois, en effet, l'un de ses enfants, celui qui était à Domois, est perdu.

« Au mois de juin dernier, Chauchefoin reçut de la supérieure de Domois une lettre où il était dit que son fils avait disparu « à la suite d'une altercation avec ses camarades ». On ajoutait qu'il aurait tort de s'alarmer pour si peu, attendu que le petit fugitif avait « probablement été embauché par quelque fermier, sur sa bonne mine ! ! ! »

« Et c'était tout. Quinze jours après la disparition de l'enfant, la police n'était pas informée par les religieuses, le parquet n'était pas prévenu.

« Ce fut le père qui dut porter plainte et qui fit écrire — car il ne sait pas tenir une plume — au procureur de la République, à Dijon.

« Au bout de quelque temps, il fut invité à passer chez le commissaire de police de son quartier « pour affaire le concernant ». Le commissaire lui lut une lettre qu'il refusa de lui donner ensuite et qu'il garda.

« Le procureur de Dijon y disait qu'il avait fait procéder à une enquête qui n'avait abouti à aucun résultat. Il notait, cependant, que les camarades du petit Chauchefoin, interrogés, avaient déclaré n'avoir eu aucune altercation avec lui et ne pas l'avoir vu partir.

« Du couvent, diverses lettres et cartes postales arrivaient, toutes rassurantes, et priant toujours le père de ne pas s'inquiéter. Et puis, on lui faisait grâce de trente francs par mois qu'il avait coutume de payer ; on ne lui demandait plus d'argent.

« Mais le pauvre homme voulait son enfant. Il recourut d'abord à M. Lépine, préfet de police, qui lui renvoya sa lettre en disant que l'affaire n'était pas de son ressort.

« Il s'adressa alors au ministère de l'Intérieur.

« Il écrivit trois lettres, qui toutes trois demeurèrent sans réponse. Dans la troisième il avait mis un timbre de trois sous, pensant qu'il avait eu tort de n'en pas mettre dans les deux autres.

« Chauchefoin n'y comprenait plus rien et se désolait de plus en plus.

« — Ecoute, lui dit un camarade, c'est peut-être que tu écris au ministre sur du trop petit papier. Ça le choque, cet homme ! Tu devrais respecter un peu les convenances.

« Chauchefoin, il y a eu hier quinze jours, alla donc acheter une belle feuille de papier-ministre, et fit écrire à M. Waldeck-Rousseau une quatrième lettre très humble et très suppliante.

« On n'y a pas plus répondu qu'aux précédentes.

« Que pense M. Waldeck-Rousseau des bonnes sœurs de Domois et des gens de son propre entourage, si soucieux d'étouffer une affaire, pour ne pas créer d'ennuis à ces saintes femmes ? »

Retrouvé

Ce filet eut la vertu d'émouvoir enfin le ministère de l'Intérieur. Quarante-huit heures ne s'étaient pas écoulées qu'on pouvait lire dans l'*Aurore* du 18 octobre :

« Le petit Chauchefoin, dont je signalais avant-hier la disparition de l'orphelinat de Domois, est retrouvé.

« Hier le père recevait un avis le priant de passer au ministère de l'Intérieur.

« Comme bien vous pensez, il se rendit avec empressement à l'invitation.

« Il fut reçu, dit-il, par un grand monsieur blond, de quarante à quarante-cinq ans, qui lui dit que son fils n'était pas perdu. Il est actuellement chez un fermier de Blaisy-Haut, dans l'arrondissement de Dijon.

« Des détails ? Il n'y en a pas. Le grand monsieur blond du ministère de l'Intérieur paraît trouver tout naturel qu'on mette trois mois à la recherche d'un enfant dans un rayon de quelques lieues. Il n'est pas surpris de voir un fermier qui garde chez lui un *ouvrier de douze ans* qui vient on ne sait d'où.

« Que pensez-vous du grand monsieur blond ?

« — Pourquoi avez-vous raconté vos affaires aux journalistes ? a-t-il dit au père Chauchefoin. C'est très mal...

« Le père Chauchefoin n'a pas répondu. Mais il est persuadé qu'il a très bien fait de raconter ses affaires aux journalistes. Autrement il ne saurait pas encore où est son fils. »

POUR ÊTRE TYPOGRAPHE

L'aventure du petit Chauchefoin m'amena le jeune Louis Treich qui me raconta comment on l'avait envoyé à Dombois pour apprendre le métier de typographe et comment il en était revenu sans avoir même aperçu une casse d'imprimerie.

En ce temps-là Treich avait neuf ans.

On l'avait d'abord fait venir rue de l'Abbé-Groult, 74, à l'*OEuvre des enfants pauvres et orphelins de Paris*. Là, on lui avait dit : « Vous êtes faible, vous ne serez guère capable d'aller aux champs, eh ! bien, on fera de vous un typographe, le métier vous ira très bien. »

L'enfant s'embarqua donc, arriva à Dijon où l'on devait venir le prendre et resta en panne à la gare. Personne n'était là pour l'attendre. Il fallut qu'un brave employé de chemin de fer se chargeât de le piloter et de le conduire.

Arrivé à Domois, on lui donna un costume invraisemblable dont pas une pièce n'était à sa taille. Pas de chaussures, il alla pieds nus. Sa mère avait cependant versé 120 francs pour le trousseau et versait 15 francs par mois pour l'entretien.

Au lieu de le mettre en face d'une casse d'imprimerie, on donna à l'enfant une aiguille et on le fit coudre. Il y réussit mal. Alors on voulut lui faire confectionner des balayettes. Il gâcha encore la besogne. On l'envoya à la cuisine, qu'il ne quitta pas pendant les quinze mois qu'il passa dans la maison. Du matin au soir, il éplucha des pommes de terre.

— Mais, lui dis-je, n'y avait-il pas d'autres métiers qu'on enseignât dans la maison ?

— Je n'en ai pas vu. Les « grands », à partir de treize ans, allaient aux champs, et nous-mêmes, les « petits », les y accompagnions parfois pour ramasser les betteraves, pour glaner, pour cueillir les haricots, et c'était tout.

« Ah ! j'oublie quelque chose ! On nous envoyait aussi « chiffonner ». On s'en allait par les routes ramasser des guenilles. Si on avait fait bonne récolte, on avait pour récompense de la viande à manger. Car autrement on ne voyait sur la table que des légumes, d'un bout à l'autre de l'année. »

Au bout de quinze mois de ce régime, le petit Louis Treich revint à Paris voir sa mère. Il était censé en vacances. Mais la mère ne voulut pas entendre parler de son retour à Domois. Et alors il se passa quelque chose de tout à fait exquis. Les bonnes sœurs de Domois voulaient exiger qu'on leur payât quinze francs par mois quand même, jusqu'à ce que Lous Treich eût dix-huit ans.

La mère tint bon et ne paya pas. Mais que dites-vous du dévouement des bonnes sœurs qui consacrent leur vie à l'éducation des orphelins et n'attendent leur récompense que du ciel ?

A M....

La fessée pour Jules Ferry

A. Jaubert, vingt ans. Il est ouvrier typographe à Paris.

Tout jeune, il fut placé par sa mère à l'orphelinat de M..., en Seine-et-Oise. Il ne s'y trouva pas trop mal, dit-il, au commencement ; on ne le maltraitait pas trop. Sans doute, quand il avait parlé en temps de silence, on lui collait une feuille de papier sur la bouche, on lui mettait un bandeau sur les yeux, on lui attachait les mains derrière le dos, on le condamnait au pain sec et à l'eau, on l'enfermait au cachot. Mais c'était là des traitements ordinaires et courants, qu'il partageait avec tous ses camarades et dont il ne se plaignait pas.

Or, un jour, il vint à Paris voir sa mère. Il dénicha dans quelque placard, parmi des chiffons et des paperasses, une chanson sur Jules Ferry, l'expulseur des congrégations. Il eut, sans penser à mal, l'imprudence d'emporter cette chanson à l'orphelinat, où les bonnes sœurs la lui confisquèrent. A dater de ce moment, il fut l'objet de privilèges particuliers et d'attentions toutes spéciales. Personne ne mangea autant de pain sec que lui et ne fut aussi souvent au cachot. Les punitions pleuvaient sur le pauvre enfant comme les bénédictions célestes, à toutes les heures du jour.

Mais c'était la nuit, surtout, qu'on le soignait. On le laissait s'endormir. Quand il avait fermé les yeux et était parti pour le charmant pays des songes, une bonne sœur s'approchait de son lit, tirait les draps, le mettait debout et, avec son soulier, le frappait pendant une heure, jusqu'au sang. Cette scène se reproduisit pendant trois mois, d'octobre à décembre, toutes les nuits.

Alors, l'enfant en eut assez. Un dimanche, après la messe, il réussit à sortir des rangs et à se cacher. Il gagna la porte et revint à pied de M... à Paris, chez sa mère.

Le coup de pied de la bonne sœur

Avant de quitter l'orphelinat, A. Jaubert avait été témoin du fait suivant :

Les enfants sortaient du réfectoire, après le repas de midi. L'un d'eux bavardait. La religieuse qui était de surveillance fonça sur lui et lui allongea un formidable coup de pied dans le bas ventre. L'enfant tomba. On le ramassa et on l'emporta dans son lit.

Il mourut le lendemain ou le surlendemain ; il avait la vessie crevée.

C'était un petit Parisien de huit ou neuf ans qui s'appelait Lecomte.

SODOME

De Jules Delesse, j'ai reçu une lettre dont je vais vous donner quelques extraits. Il est, de plus, venu me voir à l'*Aurore* et m'a précisé de vive voix, certains détails qu'il m'est difficile de présenter à mes lecteurs de façon décente. Il faut bien, cependant, dénoncer de telles ignominies. Ce qu'a vu Jules Delesse date de quelques années déjà ; mais la maison dont il s'agit ne s'est guère modifiée ni purifiée depuis lors. M. Eugène Fournière, alors député de l'Aisne, avec qui j'en parlais, me disait : « C'est peut-être plus épouvantable aujourd'hui qu'autrefois. »

Cet établissement est une immense entreprise

industrielle. Il est très connu, même célèbre. On y enseigne et on y exerce presque tous les métiers. Il y a là des typographes, des clicheurs, des imprimeurs, des brocheurs, des relieurs, des photograveurs, des cordonniers, des peintres, des tailleurs, des menuisiers, des serruriers, des jardiniers, des cuisiniers, des comptables, etc. Tout ce monde fournit onze et douze heures de travail par jour et rapporte des bénéfices considérables. De plus les « bienfaiteurs » ne cessent de remplir la caisse, et des « quêteurs » courent la province, raflant le plus d'argent possible et d'autant plus ardents à la besogne qu'ils ont, sur les sommes extorquées « pour l'éducation des orphelins », une forte remise.

Des religieuses tiennent la lingerie et la cuisine. Des centaines d'enfants et de jeunes gens travaillent, gardés par des prêtres et quelques laïques, à titre de contremaîtres.

Or, les mœurs de Sodome fleurissent là comme aux temps bibliques.

« Certains abbés, écrit Jules Delesse, faisaient venir dans leurs chambres des orphelins qu'ils préféraient et, sous forme de confession ouverte, se livraient sur eux à des choses monstrueuses. Moi-même j'y ai passé par ce genre de confession.

« L'un de ces messieurs, qui avait beaucoup d'entre nous à confesser, pour de bon, ne se servait pas de confessionnal. Assis sur une chaise, en posant des questions au pénitent, à genoux sur un prie-Dieu, il l'attirait insensiblement sur lui et, là, montrait largement l'étendue de sa passion.

En causant, Jules Delesse m'a complété ce dégoûtant récit :

« Ah ! monsieur, il n'était pas de bois, pour sûr, cet abbé. Et nous étions quatre-vingts pauvres enfants qui lui passions sur le corps, pour nous purifier l'âme, les jours de grande confession. Beaucoup ne comprenaient pas. Parmi ceux qui comprenaient, il y en avait qui s'enfuyaient de la maison et n'y voulaient plus revenir.

« Souvent, le soir, un troisième de ces prêtres surveillants faisait exempter un enfant de l'appel et l'emmenait chez lui. Notre camarade ne paraissait pas de la nuit, au dortoir, et nous ne le revoyions que le lendemain matin.

« Enfin, continue mon témoin, il y avait, à côté de l'établissement, une sorte de succursale où l'on mettait des sujets de choix auxquels on faisait faire des études et qu'on préparait à être prêtres ou frères. Là encore c'étaient les mêmes mœurs. Un jour, je suis tombé par hasard dans une pièce où l'on ne m'attendait pas. Deux élèves ecclésiastiques étaient là, sous prétexte de classer des « bouillons » de l'un des journaux de la maison. Ils avaient étalé une épaisse litière de papier sur laquelle, comme dit M. Zola, « ils faisaient joujou ».

Jules Delesse m'a raconté d'autres détails. Il m'a parlé de la mauvaise nourriture, de la soupe moins que ragoûtante. Il m'a dépeint les contre-maîtres et surveillants punissant pour un rien, condamnant au pain sec et au cachot, cassant des gourdins sur le dos des orphelins. Mais ce sont là, n'est-ce pas ? choses de peu d'importance.

Il a ajouté que, jamais, pendant son séjour de plusieurs années dans cette maison, il n'y a vu l'ombre d'un inspecteur.

A CAMBRAI

Un jeune homme, Ferdinand G..., m'a écrit de Solesmes (Nord) :

« Il existe à Cambrai un couvent dirigé par des cornettes. On y reçoit les enfants et les vieilles personnes.

« Ce fut là que mes trois sœurs et moi fûmes conduits, ayant été abandonnés par notre famille. J'avais alors neuf ans, et ma plus jeune sœur quatorze mois. Je fus très étonné de la manière dont on y était traité. J'étais atteint d'une incontinence d'urine. Après m'être levé pour la première fois dans ce lieu hospitalier, on vint visiter mon lit, et on s'aperçut que j'avais p... au lit. Là-dessus, quatre garçons d'une quinzaine d'années m'empoignèrent et me tinrent, pendant qu'un cinquième me frappait sur les reins avec un martinet, jusqu'à ce que le sang en jaillît.

« Ni mes cris, ni mes appels déchirants ne désarmèrent le bras de ces enfants, qui obéissaient à un règlement de la maison. Le jour, je fus mis au pain sec, pour me guérir. Tous les jours je fus soumis au même traitement qui, d'après les dires de la supérieure, était très efficace.

« Environ quinze jours après mon entrée, je fus placé, avec ma plus jeune sœur, dans une commune des environs. Ce devait être pour compléter mon martyre, car, en arrivant chez mes nouveaux parents adoptifs, j'eus, la première nuit, pour me coucher, quatre fagots dans une remise où je fus enfermé avec ma sœur.

« Pendant six ans, je fus sans nouvelles de mes sœurs, malgré mes demandes réitérées. A l'âge de treize ans, je fus placé chez un cultivateur de Bertry. J'avais à manger quand j'avais soif et à boire quand j'avais faim, et j'étais astreint à faire le travail d'un homme, sinon la schlague me tombait sur le dos.

« Le directeur de l'hospice fut d'accord avec mon patron de verser pour moi, à la caisse d'épargne, quatre francs tous les mois. J'y suis resté environ trente-huit mois et, quand j'eus ma majorité et que je demandai à toucher l'argent qui m'était dû, on me répondit que je n'avais rien à toucher. Il a donc fallu que je travaille pendant trois ans sans toucher un sou. Maintenant, si je veux voir mes sœurs, il faut que ce soit en cachette.

« FERDINAND G... »

LES « CHÈRES SŒURS » ET LES PAYSANS

M. A. Kohler, pasteur de l'Eglise réformée, à Lemé (Aisne), en 1899, m'écrivit alors :

« Dernièrement, arrivait de Nancy à notre orphelinat protestant de Lemé, un garçonnet de dix ans environ. Une chose nous frappa immédiatement : l'absence complète chez celui-ci d'une instruction même rudimentaire. Nous l'interrogeâmes :

« — C'est l'*Assistance publique* de Nancy qui s'occupe de toi. Y a-t-il longtemps qu'elle s'est chargée de toi ?

« — Depuis quatre ans. J'avais six ans quand elle m'a placé chez les chères sœurs.

« — Chez quelles sœurs ?

« — Je ne sais pas, on les appelait les chères sœurs.

« — Alors, tu as été élevé dans leur établissement ?

« — Non. A mon arrivée elles m'envoyèrent chez des paysans, à qui elles donnaient douze francs par mois.

« — Que faisais-tu là ?

« — Rien, je restai comme ça deux ans. A huit ans, on me plaça chez un autre paysan qui demeurait à six lieues de Nancy, pour être gardeur de vaches. J'en avais cinq. Parfois, je conduisais les bœufs à la charrue.

« — Le patron te payait-il ?

« — Non ! Il recevait douze francs par mois lui aussi des chères sœurs.

« — La ferme était-elle grande ? Avais-tu un camarade pour t'aider ?

« — Il y avait un ouvrier qui a juste tiré au sort, cette année. Il avait aussi été placé là par les chères sœurs.

« — Le patron le payait-il au mois, celui-là ?

« — Je ne sais pas. Tout ce que je sais, c'est qu'il payait aux sœurs.

« — Comment cela ?

« — Mais oui, jusqu'à treize ans les chères sœurs payaient pour nous ; depuis treize ans, le patron payait aux chères sœurs, jusqu'à vingt et un ans.

« — Sans doute vous remettaient-elles cet argent, une fois vos vingt ans sonnés ?

« — Oh ! ça non !

« — L'inspecteur des enfants assistés savait-il cela ?

« — Il venait me voir une fois par an. »

Ce dialogue, dit M. le pasteur Kohler, est trop éloquent dans sa simplicité pour que j'y ajoute des commentaires.

A SAINT-GENEST-LERPT

Le lundi, 2 juillet 1900, j'écrivais dans l'*Aurore :*

« Depuis quelques jours, la ville de Saint-Etienne et les environs sont en émoi.

« Dans une colonie agricole que dirigent, à Saint-Genest-Lerpt, deux prêtres, les abbés Cœur et Rebaud, il se passait, disait-on, des horreurs sans nom. Deux cents enfants et jeunes gens vivaient là dans la plus monstrueuse promiscuité et se pervertissaient mutuellement sous l'œil paternel de leurs pieux directeurs. D'anciens pensionnaires sortis de l'établissement faisaient des récits abominables; de pauvres enfants écrivaient à leurs parents des lettres suppliantes ; certains menaçaient de se suicider, si on ne les retirait pas.

« Dans les bureaux de rédaction des journaux locaux, on colportait d'étranges correspondances d'amour échangées entre élèves de l'abbé Cœur et de l'abbé Rebaud.

« Un jeune homme s'épanchait ainsi :

« O Sch..., vous m'avez ravi le cœur de mon ami C... ! »

« Mme S..., de Lyon, écrivait au directeur de la maison :

« Vivement sollicitée par plusieurs ecclésiastiques qui connaissent beaucoup votre institution et m'exhortent à en sortir mon fils à cause du contact dangereux avec des enfants vicieux, j'ai l'honneur de vous informer, etc.... »

« Quelques jours plus tard, nouvelle lettre de la malheureuse mère :

« J'ai déjà, disait-elle, depuis trois mois, essuyé plusieurs refus dans les écoles apostoliques plus simplement tenues et plus modestes que celles des P. Jésuites de Valence, pour la seule raison que mon fils est dans votre colonie pénitentiaire. »

« A un autre point de vue, voici quelques lignes édifiantes de l'un des surveillants de la colonie :

« Cher père R...,

« Par moi-même j'ai pu me convaincre que, dans le lit de B..., il y a des vers, et qui sont assez gros. Voyez si vous ne pourriez pas charger M. P... ou M. E... de tenir plus propres ces quatre gâteux, B., M., R., et G. (C'est bien pressé.) »

Signé FIL...

« Nous empruntons ces documents à la *Tribune Républicaine* de Saint-Etienne, qui a réuni tout un dossier.

« Enfin, le parquet, qui savait tout depuis long-temps, mais ne bougeait pas, a dû sortir de son apathie et se transporter à Saint-Genest-Lerpt.

« L'enquête révéla, du premier coup, des igno-minies qui passent l'imagination. L'examen médi-cal établit qu'un grand nombre d'enfants et de jeunes gens étaient souillés et malades. Il se pro-duisit même un incident qui montra avec quelle simplicité et avec quelle sérénité on se livrait là,

16.

dans l'asile béni de Dieu, à toutes les monstruosités contre nature. La *Tribune Républicaine* dit :

« Le parquet instrumentait, poursuivait son enquête, et à cinquante mètres de lui, derrière un buisson pour tout abri, un être lubrique, nommé Thomas, se livrait sur la personne d'un jeune homme, H..., à des manœuvres brutales jusqu'au sang, que nous ne pouvons décrire. »

L'enquête amena une vingtaine d'arrestations et tout se termina par un procès et d'inévitables condamnations — oh ! pas beaucoup.

En voilà assez, n'est-ce pas ? voilà assez de témoignages et de preuves pour légitimer le titre que j'ai mis en tête de ces pages et que j'ai emprunté, en somme, à l'évêque de Nancy. Voilà assez de lumière pour que l'opinion publique connaisse et **juge**

LES CRIMES DES COUVENTS.

B. G.

BIBLIOTHÈQUE D'ACTION SOCIALE

12, Rue Vivienne, Paris.

IMPRIMERIE CENTRALE DE LA BOURSE, 117, RUE RÉAUMUR, PARIS

OUVRAGES DU MÊME AUTEUR